福祉村全景（愛知県豊橋市）

幸せに死ぬ
義務がある

死に至るまで忠実であれ

――ヨハネの黙示録2章10節――

はじめに

突然ですが、あなたにとって「幸せ」とはなんでしょうか。

1962年、銀行員だった父が定年退職したのを機に、故郷の愛知県豊橋市に脳卒中専門病院を開業した私は、そのときから医師として患者さんと向き合いながら、「幸せとは何か?」という問いを自分に投げかけてきました。

脳卒中患者における当時の主流の考えは「絶対安静」。脳卒中で倒れたら、ベッドの上でお亡くなりになるか寝たきりになるしかないといわれていました。脳血管疾患(脳卒中)が日本人の死因第1位で、がんよりも順位が上だった時代です。しかし私は、リハビリテーションが非常に重要だととらえました。患者さんが再び自分の足で歩き、ご自宅に戻れるくらい回復される手立てとして、医療にリハビリテーションを取り入れなくてはならないと思いました。

それはなぜかといえば、私は、「幸せとは、自立して、自由に生き、まわりの人に役立つ働きができるときに感じるもの」だと考えたからです。

開業した翌年の1963年に日本リハビリテーション医学会が設立されましたので早速入会し、学会に出席するようになりました。しかし、この豊橋ではどの病院もリハビリはまったくやっていなかった時代でしたので、保険請求をした際は、架空請求かと疑われ、県の職員の方が査察に来られたほどです。その頃には病院を建て増しして、訓練室にはオーバーヘッドフレームや平行歩行棒、階段昇降機が置いてあり、浴室にはハーバードタンクと水中歩行訓練のできる温水プールを設置し、リハビリを実施しておりました。職員の方はそれをご覧になり、「これなら結構です」と帰られました。全国的に「リハビリテーション病院」という名称が広まった今では笑い話です。

その頃から病院には、認知症患者さんもお見えになっていました。今でこそ広く認識されていますが、当時は看護職はあっても介護職という職種はなかったので、患者さんのおむつ交換や体位変換、食事介助など身の回りのお世話をする「介護婦」という職制を院内独自につくりました。でも、そのために当院の看護師さんたちによるストライキに遭ったり、介護婦の求人広告を出したことで保健所からお叱りを受け、始末書を書いたりもしました。

１９７１年当時は、介護職がどんな仕事をする職種なのかわかっていただけず、職業安定所に行ってもひとりも紹介していただけませんでしたが、それでも、次第に院内の体制は整っていきました。こうした流れの中で、「これから認知症は重大な病気となる」と感じ、認知症治療とリハビリテーションを当院の中心事業と位置づけることにしました。

しかしその後、悲劇が起こりました。杖をついて歩けるまでに回復された患者さんが退院したのち、前より悪くなって再入院されたり、ご自宅でひとり寂しくお亡くなりになる例が出てきたのです。当時は、ご家庭においても、高齢者介護に関する正しい知識をもつ人がおらず、介護の経験がある人もほとんどいない時代でした。

回復したら、ご自宅で家族と暮らすことが何よりの幸せだと信じて疑わなかった私は、自責の念に駆られ続けました。家族がいないお年寄りや、その他の事情によりご自宅に戻すのが危険な場合は、私が責任をもって守らなくてはならなかった、と。悔恨の果てに出した答えは、社会福祉法人の認可をとり、退院後の住まいとなる特別養護老人ホームをつくることでした。

民間の開業医が特養をつくること自体が極めて異例で、「認可、許可が下りない」という厚い壁にぶつかりながらも、1977年に特養「さわらび荘」開設に至ったのは、私の考えに共鳴してくださった、心ある方々の働きかけのおかげです。この方々の偉大さは今も強く胸に刻まれております。

豊橋市野依町にある10万平方メートルの土地を購入したのは1978年のことです。病院のほか、高齢者福祉施設、障害者福祉施設を建設し、各施設の間には普通の町のようにお寺や公園、郵便局や売店などもつくりました。職員に安心して仕事に打ち込んでもらうためにつくった職員寮や保育園、障がい者の自立のための雇用機会をつくるということで設立したクリーニングセンター、クッキー工房などもあります。ご利用者の一生の幸せを、医療と福祉の連携によってお守りするこの場所を、私は「福祉村」と名付けました。

なぜ、そんなにも自立することにこだわったのかといえば、やはり、人間として幸せに生きるために必要だと思ったからです。

人はそれぞれに特技があり、それを生かして社会に貢献できる役割があると、私は思っています。自立しているすべての人は、今、自立できない人のために働く義務があり、それは自身の一生の幸せのためにも必要だと確信しています。

本書に掲載されている言葉は、開業後より発行している機関紙に寄せた記事と自著、および朝の院内放送で私が話した内容から編集されたものです。これらは、私がどのような考えをもって行動しているか共有するために発信していたことでしたが、今だからこそ深くご理解いただける言葉もあるということで、この時期の出版と相成りました。

さわらびグループは、これからもすべての人々の幸せを守る福祉の総合保障基地として、時代に合わせた活動を続けてまいります。

この本が、あなたの人生と幸せについて考えるきっかけとなれば幸いです。

2017年7月某日

さわらびグループ・理事長　山本孝之

CONTENTS

CHAPTER 2 愛する幸せ

CHAPTER3 育む幸せ

CHAPTER4 暮らしと幸せ

CHAPTER 5　命ある幸せ

・本書は1975年~2004年にかけて録音された音源、および左記の文献をもとに編集しました。今日の社会的規範に照らすと差別的表現と受け取られかねない箇所が見られますが、著者の意図は決して差別を助長するものではないことから原文ままとしています。また、一部を除き、「ボケ」「痴呆」は「認知症」と表記を統一しました。

底本:『写真でみる老人ぼけのリハビリと看護』(中央法規出版)、『早蕨』(萬葉商事)、『早蕨』(山本病院早蕨会)、『老人ボケは治る』(毎日新聞社)。

・本書に掲載されている写真はすべて、さわらびグループの各施設にて撮影したものです。

撮影・野村佐紀子

CHAPTER 1

認知症と幸せ

まわりの乳幼児やお年寄り、

障がい者の人々の幸せのために

力を尽くさなくてはならないと思います。

学生の若い力、定年後もお元気なお年寄り、

子育てに手がかからなくなった女性など――

社会奉仕を望む方は多いと思います。

私たちみんなで手に手を取り合って、

みんなが幸せに暮らせる社会を

つくるようにしたいものです。

（1981年3月）

01

――みんなの幸せのため――

あなたの能力を

人間は、生まれてからしばらくは
自分の力では生きられません。
また、年をとり病気がちになると、
介助なしには生きられません。
若いときでも、
いつ何時動けなくなるかわからないのが人間です。
私たちが生涯を通じて幸せに暮らすためには、
若くて元気に働ける間に、
その能力のすべてを
自分の幸せのためだけに使うのではなく、

02

――認知症は「病気」のひとつにすぎない――

「認知症は治らない」は嘘。
あきらめて放置せず、
手遅れにならないうちに
手を打つことです。

認知症の症状は「見当違い」から始まります。場所、時間、季節の見当がつかず、目の前の人物が誰なのかわからなくなるのが認知症です。数分前から数日前のことをまず忘れるようになり、ついで数秒前のことを忘れ、自分のまわりの状況が正しく把握できなくなり、自分の生まれた土地や自分が生まれた年までも忘れるようになります。

やがて、今までに過ぎ去った時間の記憶が、現在から昔へさかのぼりながら消えてゆきます。認知症が進むとともに若返ってゆきますので、「お年はいくつですか」と尋ねますと、「25才です」とか、「20才です。まだ恋をしたことはありません」とお答えになることがあります。簡単な計算もできなくなり、所かまわずおもらしをしたりするようにもなります。

今、お伝えしたような症状を呈するものすべてを総括して「認知症」と呼んでおります。認知症を起こす原因は、指折り数えれば何十とあり、原因によっては認知症の経過や治りやすさ、治りにくさもまったく違います。どんな病気も手遅れになれば治りませんが、早く見つけて早くから正しい治療とリハビリを始めれば、簡単に治るものもあるのです。どうか簡単にあきらめず、手遅れにならないうちに手を打ってください。

（1985年3月）

03

——認知症は老化現象ではない——

認知症は、予防も治療も可能な病気です。治すことができないものとする絶望からは何も生まれません。

社会人として堂々と生きてきた人の立派に成熟した記憶力、言語能力、判断力、計算力などが、いろいろな原因で損なわれてしまい、正常な生活ができなくなることを「認知症」といいます。

日本では人口の高齢化が、世界一速いスピードで進んでいます。認知症は、年をとるとともに増えますが、75才を過ぎると急激に多くなります。したがって、高齢化が加速するとともに認知症が発症する方も増えてくるでしょう。平均的に女性は男性よりも長生きしますが、認知症になる率も女性のほうが高いのです（※注）。女性にとってせっかくの長生きが、必ずしも幸せにならないという今の状況は、ひどく悲しいものです。

増え続ける認知症高齢者が、老後の福祉や医療の主要な問題になっています。しかし、認知症高齢者はもとより、認知症高齢者を抱えたご家族もどうしてよいかわからず、ウロウロ、イライラするばかりです。そのために治る可能性のある認知症さえもどんどん悪くしてしまうことが多く、その結果として、ご家族は大変な苦しみを味わっているのではないでしょうか。

行政側でも、認知症に対処しなければならないご家族の苦しみはすでによくわかっています。そのため医療や福祉の面で認知症に対する施策を立案しようとしてはいますが、うまい手が見つからず対策に苦慮している状況です。

まるで幕末に黒船が現れたときのように、現在の日本は急激に増え始めた認知症という難病に見舞われて、どうしたらよいかわからず右往左往して、どう対処するべきか悩んでいるのが実情だと思います。

認知症が治るかどうかについては、医学界の見方も実にさまざまですが、私はこのように考えております。脳血管性認知症は、早期に発見して正しい治療とリハビリをすれば改善します。あるいは発見が遅れたり当初の接し方が悪くてこじらせたりしたものでも、正しい治療とリハビリをすれば、必ずよくなります。

そして、変性性認知症も正しい治療と看護をすれば、お世話しやすい状態にまで必ず改善できますし、適切な日常生活動作（排泄、摂食、衣類の着脱等）をひとりでやれるようにすることも可能だと信じています。

認知症は「病気」であり、何人《なんぴと》も避けることのできない老化現象などではありません。「誰もがいつかはたどる道で、しかも治すことができないもの」とする絶望からでは、なにも生まれるはずがありません。認知症はあくまでも病気ですから、病気を起こす原因があり、治療もリハビリも、予防も可能なのです。他の病気と同じように、早く発見して、早くから治療とリハビリを行えば、必ず治せます。

認知症についての正しい知識が確立され普及し、正しい治療とリハビリが行われ、さらに予防法も広く知られるようになり、一般常識のひとつになる必要があります。そうなったときこそ、いかに高齢化社会になり、高齢者人口が増えたとしても、認知症という病気に悩む人々は、今よりもずいぶんと少なくなるはずだ、と私は信じております。

（1982年4月）

※注：認知症にはいくつか種類があるが、最も多いのがアルツハイマー型認知症で、全体の約半分を占める。認知症患者の男女比は女性のほうが多く、とりわけアルツハイマー型認知症の有症率は女性のほうが2倍近く高い。

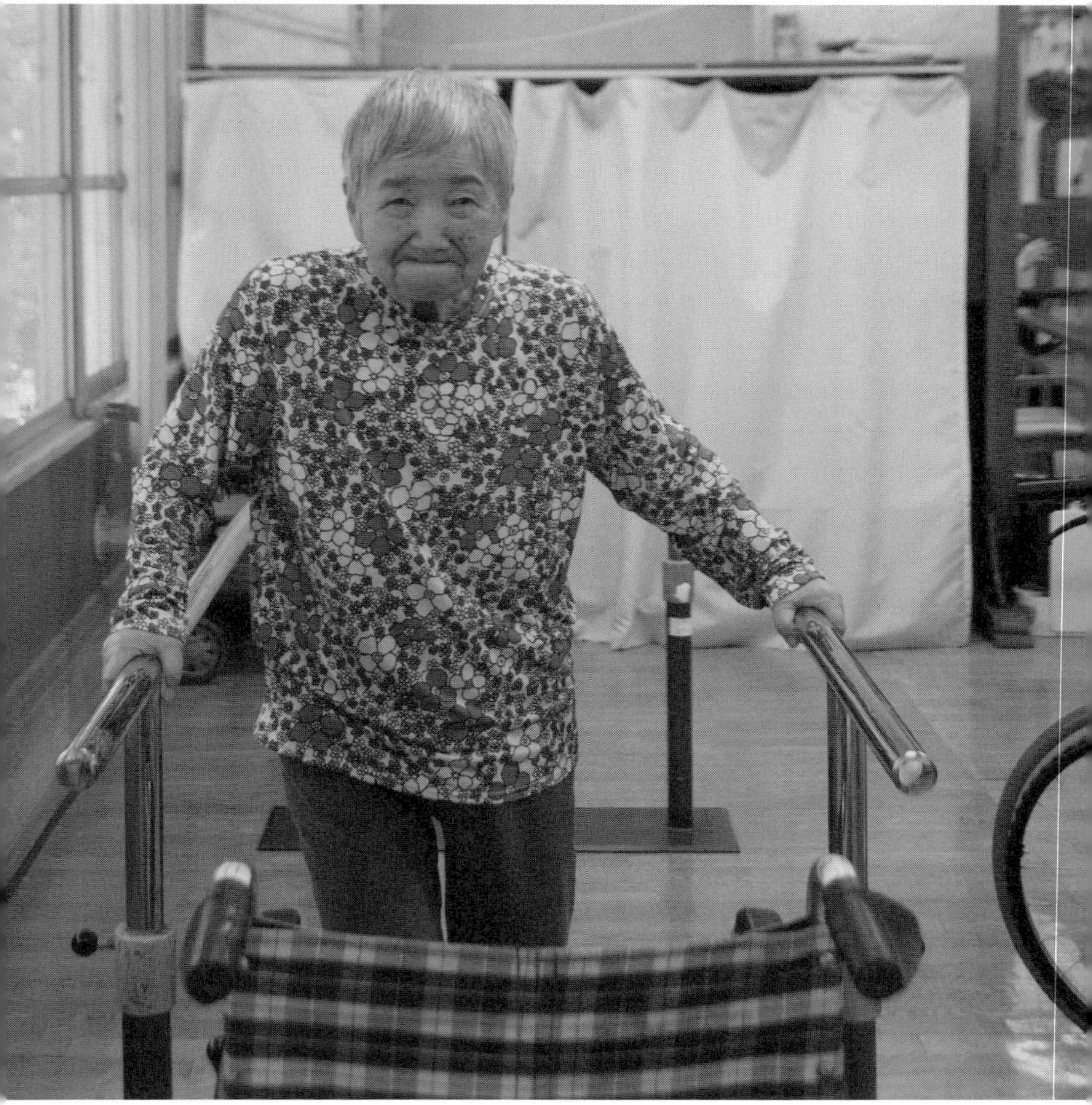

特別養護老人ホーム「さわらび荘」に入居している岡田京子さん（81才）。リハビリが大好き。

04

――失った文化性をリハビリで取り戻す――

本当に適切な介護のために、個々の生活習慣を尊重しましょう。

認知症のリハビリテーションでは、私たちの精神活動における基本的な原点を賦活《ふかつ》させるとともに、認知症高齢者が失った文化性を取り戻すような働きかけをしなくてはなりません。

介護やリハビリテーションの面では、認知症高齢者が今まで生きてきたその人独自の生活スタイルを尊重することが非常に大切なのです。

私たちは、高齢者の過去の生活歴やら日常の生活習慣やらを、できるだけ詳しく調べ、なるべく、その方の生活スタイルを変えることなく、必要なリハビリと介護を行うように努めなければなりません。

とかく、人それぞれの生活習慣を無視して、画一的な処遇をしがちなものですから、その点を心得ていただきたいと思います。

（1985年2月）

鈴木幸子さん（88才）。認知症対応型グループホーム「常盤」入居。茶道・華道師範。唄と踊りも好き。

吉田保三さん（90才）。特別養護老人ホーム「第二さわらび荘」入居。若い頃はスポーツマン、今は絵と花が好き。「花は見るのも生けるのもいいね」（吉田さん）。

骨折をしている人にはギプスを巻いて、
状態が悪化しないように守ってあげますよね。
認知症もまったく同じなのです。
厳しく指摘して非難攻撃するよりも、
見て見ぬふりをしてあげたり、
優しくいたわってあげるほうがよいのです。
お年寄りの心にギプスを巻いてあげてください。

（1985年3月）

05

——認知症に効く言葉の薬——

だいじょうぶ

度重なるもの忘れにお年寄りの方が
がっくりしているときには、
「年をとって病気になれば、
誰でももの忘れするようになる。
でも、病気がよくなれば
もの忘れもしなくなるんだから、
ちっとも心配しなくていいんだよ」
そう、なぐさめてあげるようにしましょう。

06

―愛は態度で示そうよ―

いつも暖かい愛情と笑顔で、肌から肌へぬくもりを伝えましょう。不安や心配を拭い去ることは、凍てついた氷を解かすように認知症をよくしていく力があります。

自分を愛してくれる人と一緒に暮らすのが、人間にとって一番の幸せであるということは、認知症高齢者でも変わりはありません。

自分を愛して見守ってくれる人が、いつも身近にいるという信頼感と安心感が、認知症高齢者の不安や心配を拭い去ります。暖かい愛情と優しいいたわりは、凍てついた氷を解かすように認知症をよくしていく偉大な力を持っております。

年を重ね認知症が進むにつれ、理路整然と言葉で伝え合うコミュニケーションをとるのが難しくなっていきます。

日常生活の中で、ごく自然にお年寄りの手を取り、背中をさすりながら、肌から肌へと暖かい愛情のぬくもりを伝えてください。ムスッとして、手も添えずに突っ放していては、内心の愛情はお年寄りに伝わりません。

愛の心や気遣いは、態度やしぐさ、表情に表してください。「態度で示そうよ」です。

（1982年4月）

07

——突飛な行動にも必ず理由はある——

決して叱らず、制止せず、
その人の性格や感じ方を見つめる。
その人の心に優しさを届けるには、
ひと芝居打つことも必要です。

認知症高齢者のお世話をすることは、大変に難しいことです。

ひとくちに認知症高齢者といっても、もともと性格も境遇も違い、長い生活歴や現在の境遇、家族関係も千差万別です。その方がどういうタイプの人間か、どういうことを喜ぶのか、どういう態度を嫌うのかなど、その方の感じ方を知る必要があります。優しい気持ちでしたことが、かえって不信の念をつのらせるようだと、お互いに不幸です。

雨が降ると必ず外へ出たがったり、人通りのない道に向かって死んだ息子の名前を何度も大声で叫んだり、夜中に突然ムックリ起き上がり、素っ裸になって外に飛び出したり……。本当にびっくりさせられることが多いと思いますが、突拍子もない行動にも、その方にとっては必ずそれなりの理由があるのです。

なぜ、そんなことをするのかをよく考えて、お年寄りの本当の気持ちを理解することが必要です。何かを盗まれるとか、誰かに殺されるというような被害妄想は、なんらかの不安があるからです。近所の人が悪口を言うとか、死んだ子どもが見えたりするのは、聴力や視力が衰えたことによる錯覚が原因かもしれません。

その方の独り言やしぐさ、そのような行動が始まった頃の出来事などを思い合わせ、原因をよく考えてみます。何か思い当たったら、それが本当の気持ちかどうかをそれとなく確かめます。もし原因がわかれば、そのことに対して対策を立てます。ですから、お世話する側の暖かな思いやり、穏やかさ、忍耐強さは非常に大切です。

もし誤解の原因になった人がいれば、その方に高齢者の病気の性格や事情をよく説明して、お年寄りの顔を立てるような芝居をお願いするなど、できる限りのことをやってみましょう。認知症高齢者に「自分を信じてくれている」「大切に思ってくれている」と実感していただくには、その方の感じ方に沿ったやり方で接しないと、気持ちのすれ違いになってしまいます。ですので、高齢者の側に立って手を打ちます。

また、お年寄りが納得できるようわかりやすい言葉で話し、不安を解消してあげるとか、よく合った眼鏡や補聴器を使えるようにしてあげます。こうすることで間もなく行動が改善する例を、私はたびたび経験してきました。

お年寄りは幼児ではなく、一人前の自由人です。人間は誰でも、人から束縛されずに自由に生きたいと思うものです。ましてや判断力が弱った認知症高齢者ならなおのこと、自分の行動を禁止されたり抑圧されたりしますと烈火のごとく怒り狂うものです。

怒ったり、悲しんだり、憎んだりする悪い感情は、自律神経を不安定にさせ、一部のホルモンを過剰に分泌させ、体にさまざまな障害を起こさせます。大脳の新しい皮質への血のめぐりも悪くさせ、認知症をぐっと促進させてしまいます。

反対に、毎日の暮らしの中で暖かい心を具体的に行動や表情で表現する工夫によって、治療効果は非常に上がります。認知症という病気をよくするために協力する態勢をとり、決して怒らず、優しくお世話を続けられれば、必ず認知症をよくすることができるのです。

（1982年4月）

08

——「昔取った杵柄」を大事にする——

人それぞれ得意だったことがあります。
その中から、小さなことでいいから
今、できることをしていただく。
それは機能回復への近道となります。

年をとり、そのうえ認知症になって、もう何もできないように見えるお年寄りにも、必ず何かやれることはあるものです。

昔、その方が好きだったことや、得意だったことの中から何か考えてください。どんな小さなことでもいい、今でもできることを、何かひとつ探し出して、ぜひ認知症高齢者にさせてあげてください。

もちろん、その方が最初から積極的にやらなくても、決してあきらめないこと。繰り返し繰り返し、手を替え品を替えて優しく勧めれば、もともと好きな道、あるいは得意だったものですから、いつか必ず手を出してやってくださるようになります。

そうしたら大いに感心し、ほめてあげることです。本心からオーバーなくらいに喜びを表現してあげるのです。ほめられるとお年寄りは照れ隠しに横を向いたり、もじもじしたりしますが、やはりほめられれば内心うれしいのです。ですからまた、手を出してやるようになります。

これを繰り返していれば、必ずお年寄りは進んで毎日やるようになるだけでなく、認知症の症状も軽くなってまいります。

（1982年4月）

09

――真の敬老について――

「おじいさん」「おばあさん」は一般高齢者扱いしているのと同じ。その方固有のお名前を大切に。

家族でもなく親しくもないのに、やたらに「おじいちゃん」「おばあちゃん」と、変になれなれしく呼ぶのはいけません。

独立した人格には、ちゃんとその人だけの名前があります。その人の生活歴にもよりますが、「おばあさん」「おばさん」などと、固有名詞も尊称もつけずに呼びかけるのは、今のお年寄りの若い頃にはなかった習慣で、相手を軽く見下した扱いでした。身内同様の親しいお年寄りとか、お互いに了解があるのなら親しみがあってていいのですが。

小さなお子さんがすることならともかく、中学生にもなったら、その気はないにしろ相手にとって失礼なふるまいをして、お年寄りの不満をうっ積させないよう気をつけましょう。

医療の現場でも、患者さんが自信をつけるために、一般高齢者扱いではなく○○さん個人の病気を気にかけていると感じていただくことが、大変治療にいいわけです。

（1985年3月）

上写真：左より佐野よし子さん（94才）、職員の宮﨑真理子さん、兵藤かねさん（98才）。佐野さんと兵藤さんは特別養護老人ホーム「さわらび荘」に入居。
中写真：石田いくよさん（82才）と准看護師の藤井美保さん。週２回、通所リハビリテーションを利用し、塗り絵などのプログラムを行っている。
下写真：地域密着型サービス事業所「カサデヴェルデ」に入居している近田英雄さん（85才）と、職員の北風美紀さん。

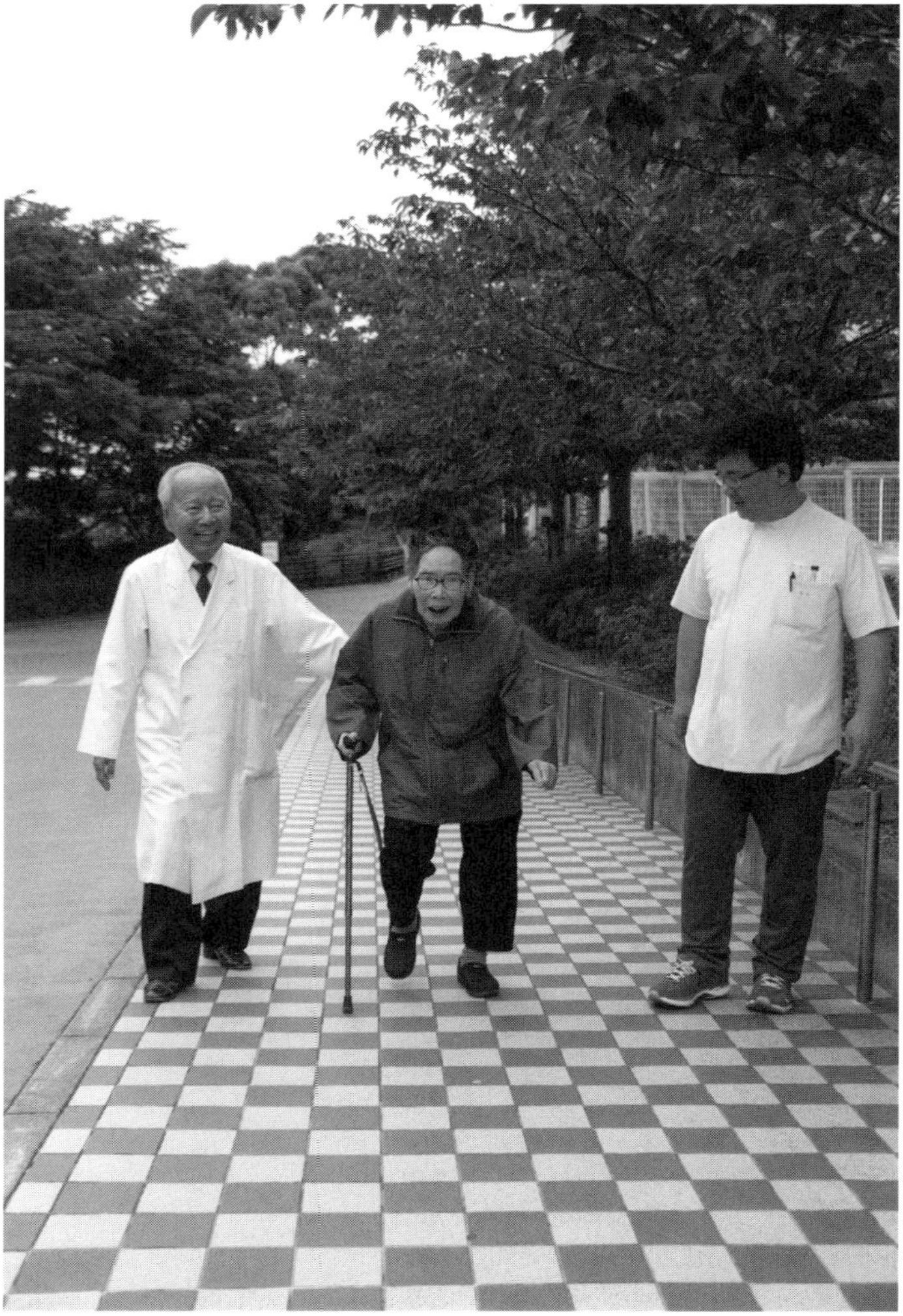

さわらびグループ理事長・山本孝之（左）と、老人保健施設「ジュゲム」併設の通所リハビリテーションを利用している松井津多江さん（86才）。右は理学療法士の岩本之成さん。

10

――叱咤は誰のためにもならない――

何度同じことを尋ねられても、何度でも同じことを丁寧に答える。それが認知症を悪化させない秘訣です。

認知症高齢者は記憶力が低下しますので、同じことを何度も何度も繰り返し尋ねます。このとき、何度同じことを尋ねられても、いつも初めて聞かれたようなフリをして丁寧に答えてあげるのが、認知症をよくするコツのひとつです。ところが、認知症高齢者を抱えたご家族が「非常に困ること」「苦痛なこと」のひとつとして挙げているのが「同じことを何度も聞かれること」なのです。

たとえば、適切な介護の方法がまだ一般に知られていないがゆえに、5分ごとに同じ質問を繰り返すお年寄りに、「何度同じことを聞くの」とか「うるさいね」など、つっけんどんに答える方がいらっしゃいます。あるいは行動の異常を正そうと叱りつけたり、暴力をふるったり、あるいは軽蔑したり監禁したりする方もいらっしゃいます。このようなことをして、いっそう認知症をひどくさせてしまう悲劇が実際に多いのです。

一、いつも暖かい愛情と笑顔で
二、決して叱らず、制止せず
三、今、できることをしていただく

これは、私が１９７３年に提唱した認知症介護の三原則です。楽しく幸せにお過ごしいただくようにしてさしあげてください。

（１９８１年10月）

11

——高齢者になる前にふるまいの見直しを——

エゴイストを発揮して、
配偶者や家族たちを嘆かせないこと。
それが、あなたが認知症になったときの
幸せの確保にもつながります。

人間は感情の動物とよくいわれますが、認知症高齢者こそは文字通り、典型的な感情の動物です。普通の人間は感情をむき出しにはせず、理性のベールをかけて生きていますが、認知症高齢者の理性のベールはボロボロに破れています。それだけ生の感情が剝き出しになりますし、相手の感情もまた、じかに強く伝わるのです。

ですから、内心うんざりしていたり、イヤイヤお世話をしたりしますと、たちまち相手にその気持ちが敏感に伝わって、認知症の症状が一段とひどくなります。

日頃から夫婦は心から愛し合い、家族は仲よく暮らすのが一番大切なことです。間違ってもわがままで勝手なエゴイストぶりを発揮し続けて、配偶者や家族たちを嘆かせないように気をつけ、心の豊かな温かい家庭をつくることが認知症予防になります。

いつかご自身が認知症になった場合の幸せの確保のためにも、それが一番大切なことであると、肝に銘じておきましょう。

（1982年4月）

12

「介護をするのは女性」という考えは捨てましょう。

——長期介護休暇制度の確立——

女性も男性と同じように高い学歴を有するようになり、社会の中で存分に活躍できるようになったのですから、男性が外で働き、女性が家で家事をするという古い性的役割分担はさらりと捨てて、男も女も、ともに与えられた才能をできるだけ伸ばして、社会の中で立派にその役割を果たさなくてはならないと思います。家の中では、家事も育児も、男女が協同で分担しなくてはならないと思います。

また、人口高齢化が急速に進み、高齢者を扶養しなくてはならない青壮年層の負担はますます増加しますので、女性も家の中で引きこもっているのではなく、大いに社会に出て活躍し、高齢者扶養の負担を分担してもらわなくてはならないと思います。したがって、出産によって数年間は家の中で育児をしなくてはならないとしても、その間、次の時期に備えての勉強を怠らないでほしいと思います。

お年寄りが自立できなくなると、現在の日本ではまだ女性が仕事をやめてその介護を担当することがほとんどですが、退職するのは女性と決めてかかるのではなく、どちらか都合のよいほうが職場を休んで介護をし、また元の職場に戻れるような制度が、今の日本には必要だと考えます。（1985年3月）

13

――自立して生きる喜びのため――

認知症のリハビリは、
人間らしさを取り戻すための過程。
人類の進化をさかのぼるように、
歩行、道具の使い方、言葉を
学び直していきます。

認知症になりますと、子どもに戻るだけでなく、もっと前の段階まで戻り、人間性すら失った状態になっていきます。たとえば履き物を履かなくなり、食事のしかたも動物のようになっていきます。

ですから私たちが認知症の患者さんに対するときには、人間性を取り戻させるようにリハビリテーションすることが重要だと思います。

つまり、認知症のリハビリテーションでまず行うべきは、直立二足歩行をしていただくことが基礎的なことになります。次に手を使っていただくこと。そして次には言葉を使っていただくこと。

脳の中でも手を使う領域は非常に広く、また足裏の知覚を担当する領域も広いのです。直立するためには、足裏からの情報処理が非常に重要なわけですね。そして言語中枢も広い範囲を占めています。

したがって、私たちが認知症のリハビリテーションを行うときには、これらの3ステップを重視する必要があると考えるのです。

（1991年11月）

宮本義光さん（78才）。歩行機能維持のため、約1年前から老人保健施設「ジュゲム」併設の通所リハビリテーションを利用。

14

―― 奉仕の要《かなめ》はその人をよく知ること ――

認知症のお世話で苦しいとき、
まわりに助けを求めることを
ためらってはいけません。
それは認知症高齢者にとっても、
ご家族にとっても必要なことです。

認知症高齢者のお世話は、愛情があったとしても現実はやはり大変です。家族が共倒れになる前に、もし、ボランティアの皆さんやご近所の人などの援助を受けられるようなら、胸を張って、感謝して受けてください。それがご家族のためだけでなく、認知症高齢者のためにも必要なことですから。

その際、注意しなくてはならないのは、高齢者は見知らぬ人にはなかなか心を開かないということです。ですから、なるべく気心の知れた顔なじみの人にお願いできればよいでしょう。それも、できるだけ頻繁に来てもらうのがよいです。

ボランティアをする人は、高齢者の心理や認知症について、あらかじめよく勉強しておくとともに、機転を利かせて動くよう心がけましょう。できたら、奉仕する認知症高齢者の生活歴や病歴、性格などを、なるべく早く理解するように努めて、的確な奉仕ができるようにしてほしいと思います。

高齢者の人権はもちろん、そのご家族のプライバシーを十分に尊重することなどは、言うまでもありません。

（1982年4月）

ですから、

なるべく症状の軽いうちから

友人や近所の人に気軽に遊びにきてもらい、

そのお年寄りと

顔なじみになっておいていただくのも

よいと思います。

（1982年4月）

15

──ご近所との連携──

友達のように

お年寄りは人見知りすることが多いです。

家族以外の人のお世話を

拒否するかもしれませんし、

また、あまりにも精神症状が

ひどくなってからでは、

慣れていない方ではオロオロされるばかりで、

お世話ができないと思います。

16

―人の世話が自己肯定感を高める―

誰かの役に立てること。
誰かの支えになれること。
それが何よりも
認知症を改善させる治療となります。

認知症高齢者がポツンと孤立して、健康な人々だけに囲まれ、ただひたすらお世話を受けるだけの存在になっては、いくら親切に扱われるようでも、その孤独感は深いものです。

私が勤めている福祉村病院に、重篤な変性性認知症を患われた女性がおりました。彼女はその3年前、入院したご主人の付き添いをした頃から認知症の症状が出てきた患者さんです。しかしご主人が亡くなられると、彼女は引き取り手がなく、3人の娘さんの家を半年ごとにたらい回しにされているうち、ますます認知症の症状が進行していきました。

目が覚めれば手当たり次第にタンスから衣類を引き出し、家じゅう散らかし放題。山と積んだ衣類をとっかえひっかえ、ひとりファッションショーです。何がなんだか区別がつかない彼女は、極上の訪問着の上に汚れた下着を重ねたり、その上から腰巻を巻きつけ、また肌着を羽織って、さらにその上に風呂敷を巻いたりして、ありったけのものを身に着けてブクブク着ぶくれすることが日課でした。そして鏡の前に立っては鏡にうつる自分に話しかけ、ブツブツ独り言を言う姿は哀れで、鬼気迫るものすらありました。

お金や物に対する執着も非常に強く、お金や貴重品をむやみに隠したりされました。人に取られまいとしてか、しょっちゅう隠し場所を変え、そのくせ自分でもどこに隠したか忘れてしまい、誰それさんに盗まれたと、頑強に言い張るようなこともしばしばありました。

入院されてからは、リハビリと日常生活動作の機能回復訓練（衣類の着脱、ポータブルトイレを使っての排泄訓練、入浴など）を行いました。

しかし、粘土細工をさせれば粘土を食べてしまいます。字を書いていただこうとしても、なかなか書こうとせず、わずかに時折亡くなられたご主人の名前を書くだけ。まるでむなしく指からこぼれ落ちるかのような日々が長く続きました。ただ、楽器演奏の練習にはにこにこ笑いながら参加し、リズム楽器を鳴らしていました。また、民謡の踊りの稽古にもなんとか手を振りながらついて歩いてらっしゃいました。

改善の兆候が見え始めたのは、入院されてから半年を過ぎた頃です。やはり認知症のお年寄りが同じ病室に入院してきました。彼女はこの男性を「お父さん、お父さん」と呼び、ベッドに一緒に並んで、お互いににこにこ笑いながら、仲よく心を交流させているようでした。

そばで聞いていても、私たちにはなんのことだかよくわからない。でもふたりの間にはなんとなく通じているような感じなのです。深夜、病室を見回る当直の看護師は、ふたりでお菓子をつまみながら、なごやかに話をしている姿をよく見かけたそうです。その頃から彼女は着物をなんとか普通に着られるようになり、日常生活動作においても次第に失敗が少なくなってきました。それまでは自分のことで精一杯だったのが、多少よくなってゆとりが出てきたのでしょう。この頃から彼女はまわりの患者さんの世話をするようになりました。そしてある女性が入院してくると、どこに行くにも一緒に出かけ、まるで妹か娘のようにかわいがり、面倒をみようとします。

入院して1年近くたった頃には、全く正常になったわけではありませんが、たいていの日常生活はすべて人手を借りずに、自分でできるまで回復しました。そして彼女は、娘さんたちご家族が面会に来るのを涙を流して喜び、ご家族の名前も正確に言えるようになりました。

自分が他に迷惑をかけるだけの人間ではなくて、何か人のお世話ができ、他の人の役に立つことがやれるのだと感ずることが、認知症高齢者にも必要なのだと、つくづく思った次第です。

（1982年4月）

みんなが一生を幸せに暮らせるよう、
家族と地域社会での
相互扶助のシステムを
早急に再構築することが、
認知症の介護と予防にとって、
最も重要なことです。

（1985年3月）

17

——地域で支え合うシステムを——

相互扶助の心

現在の日本では、
お年寄りの幸せと健康を守るのが
大変難しくなっていますが、
これは戦後、家族と地域共同体が
崩壊したためだと考えられます。
私たちは老後の幸せを確保するために、
イエとムラを早急に
再構築し直さなくてはなりません。

18

——死に至るまで忠実であれ——

多くの人のおかげで
生きてきた恩を、
多くの人に返しましょう。
あなたにできることが、
あなたの使命です。

自分がなぜ、生きているのかと考えると、生命を与えられ、維持してこられたからで、実に多くの人々のお陰で生きてこられたと気付きます。したがって私たちは、この深く大きな恩に報いなければなりません。

「死に至るまで忠実であれ」とは、新約聖書の最後にあるヨハネの黙示録第2章の言葉です。私は大学で動脈硬化と心臓病を研究しましたので、高齢者医療を天から与えられた使命だと考え、死ぬまでただ一筋にこの道を進んで、なるべく多くの人に喜ばれることをしてゆきたいと思っております。

人の一生では、乳幼児と老衰期には人の役に立つのは難しく、人のお世話にならなければ生きてゆけません。したがって、若くて元気で生活力のあるうちに、なるべく多くの人のために役立つことをしなくては申し訳ないと思います。人のためになることといっても、人間には得手不得手があり、それぞれに立場もあります。自分の立場で最も多くの人の役に立ち、なるべく多くの人から喜ばれる方法で、他人に尽くすべきだと思うのです。

（1977年11月）

19

――キリギリスにも慈悲を――

たとえいかなる因縁があろうと、
助けを必要としている方は
受け入れてあげましょう。
それでも手を差し伸べることが
福祉だからです。

非常に寒い土曜日の午後、ある老婦人のお宅を訪ねました。農業を営む息子さんご夫婦と、役所勤めで独身のお孫さんとの4人暮らしでした。

訪ねてみると、広い敷地に南向きで日当たりのよい立派な母屋と、納屋がありました。しかし、私たちが訪ねたお年寄りは、納屋の最も北側のまったく日の当たらない暗い部屋で、真冬の寒い中で暖房設備もなく、座布団すらないところで背を丸めて座っていらっしゃいました。

私たちが訪ねたのは午後3時頃で、他のご家族の方は誰もおられず、おひとりでした。見れば母屋と納屋の南側にはさんさんと日が差しているのに、なぜ、このような北側の日の当たらない寒い部屋におられるのかと尋ねましたら、母屋と、納屋の他の部屋はすべて戸締まりがしてあって入れないようにされているとのことでした。「それでは庭に出て、日なたぼっこでもされればどうですか」と言いましたら、お嫁さんから「近所の人に見られたらみっともないから、外に出るな」と厳しく言われているとのことだったのです。

改めて見ますと、暗くて寒くて、片隅に寝るための布団だけが置かれているほかはまったく何もない部屋です。そこに、一日中じっと座って過ごされているのです。この環境に耐えておられる姿に心が痛みました。

ラジオを聴いたり、テレビを見たりしないのですか、と尋ねましたら、母屋で夕食の後に家中の人はテレビを見るのですが、お嫁さんから「ばあさんは、さっさと部屋に帰って寝ろ」と言われるので、テレビも見たことがないと言います。それでは昼間に近所に遊びに行ったり、老人クラブに参加したり、あるいは病院の待合室に行けば、いろいろな人に会えるのではありませんか、と勧めると、お嫁さんから外出を禁じられているとのことです。

この老婦人は、わずかに食べるものを与えられるだけで、すべての自由を奪われ、囚人よりもひどい虐待を受けていたのです。このような生活を強いられているこのお年寄りを見て、私は胸が押しつぶされるような気持ちになりました。今でも思い返すたび涙を抑えきれなくなります。

なぜ、ご家族がこのようなひどい仕打ちをするのか、息子さんがなぜお嫁さんの横暴を許しているのかはわかりません。家族の関係というものには、いろいろな経緯があるものですから。

イソップ物語で、夏は遊んでばかりいたキリギリスが冬に食べるものがなくなりアリを訪ねると、アリは「夏の間遊んでいたのが悪いのだ」と言って断ったという話があります。しかし、私はこの話は悪い話だとつねづね思っています。たとえ、その人の過去の心がけが悪かったがゆえに今現在困っているとしても、突き放すのではなく、手を差し伸べてあげることが福祉だと思うためです。

ある人は「われわれは高い税金を払っているのだから、それで老人福祉を向上させればよい」と言います。しかし、行政による福祉だけではこの方を幸せにはできません。この方も年金は受けています。しかし、わずか1カ月分の年金で買えるはずの暖房器具もラジオも買ってもらえません。年金はすべてご家族が取り上げているためです。

このようなお年寄りに、ささやかでも幸せをもたらすのは、私たちのように訪問することではないかと思います。私たちが帰るとき、この方は納屋の入口まで出てきて、いつまでも私たちに手を振っていました。あのときの笑顔は、今でも私のまぶたに焼きついています。

このようなお年寄りが皆さんの周りにもいらっしゃったら、少しでもかまいませんから、声をかけてなぐさめてあげてほしいと思います。

（1977年3月）

障がいを持っても、
寝たきりになっても、
なお、おひとりで
がんばっている人がいらしたら、
私たちはみんなで
手を差し伸べなくてはなりません。
寂しい思いを味わわせてはならないと
強く思います。

（2000年12月）

20

―― 孤独からの救済を ――

ひとりじゃない

尾崎放哉《ほうさい》という人がいます。

自由律俳句で有名な方で、

代表作は「咳をしても一人」という句です。

この句を聞くと、私は胸の中に

冷たい木枯らしが吹くような

寂しさを感じます。

「寝たきりでも一人」「認知症でも一人」と

想像してしまいます。

21

―退院後の悲劇―

部屋でひとり死んでゆく孤独は
あまりに暗く、冷たく、
そして、つらいものです。
そんな思いをさせてはなりません。

ある年の2月中旬のことです。すっかり病気はよくなって、勤め先まではっきり決まり、アパートも福祉事務所の方に見つけてもらってからうちの病院を退院した彼が、3月上旬にはすでに亡くなられており、そのうえ、3カ月もたって初めて、市の福祉事務所の方にその姿が発見されたという事件は、私にとって本当にショックでした。このことは、うちの病院が当然受け持たなくてはならなかった地域医療の中での責任を十分果たしていなかったことを如実に示したもので、本当に申し訳ないことだと思います。

彼はひとり暮らしで、身寄りもありませんでした。茶ぶ台の上には、うちの病院の薬袋が空となってポツンと置いてあり、室内には食器らしいものは何ひとつなく、たった1つだけあった鍋の底には、インスタントラーメンの残りがこびりついていたとのこと。死ぬまで病院の薬をキチンキチンとのみ続けながら、孤独と貧困にじっと耐えて生きてきたのでしょう。今も、真面目な、そして人のよい彼の笑顔が私のまぶたに浮かんでまいります。

「ごめんなさい、不二山さん。二度と不二山さんのような例が起こらないように努力しますから、お許しください」。そう彼のご霊前に誓いました。

不二山さんは、医師である私に特別養護老人ホームをつくることを決意させてくださった患者さんです。

（1977年7月）

22

――社会的弱者への愛あるまなざし――

世の中の不幸を他人事とせず、
自分事のように支援しましょう。
その在り方が
弱者をつくらない社会にします。

私が尊敬する人に、「社会法人黒松内《くろまつない》つくし園」理事長の廣瀬清蔵さんという方がおられれます。廣瀬さんは若い頃、北海道の郵便局に勤めていらっしゃいました。当時、小樽と東京の間を何度も往復する機会があり、上野駅周辺に多くの浮浪児がいることを知ります。浮浪児と呼ばれた子どもたちは戦災で親を亡くし、頼るところもなかったため、靴磨きなどの簡易な労働をしていましたが、中には窃盗を行うなどして飢えをしのいでいた子どもたちもいました。

この様子を見た廣瀬さんは大変胸を痛めまして、なんとかしなければならないと考えました。当時は北海道にも親のない子どもたちがたくさんいましたので、彼らのために児童養護施設をつくろうと決意します。廣瀬さんは施設の建設資金を得るために自宅を売り払い、母親の土地も売りました。建物が建ってから認可を得るまでに2年もかかり、その間は、学校の先生をしていらした奥さんの給料でなんとか食いつないだということです。

廣瀬さんはほかにも、福祉施設そのものに対する地元のご理解を得ることにも大変苦労されました。浮浪児の施設をつくられると、畑を荒らされたり、ものが盗まれたりするから絶対に反対だという声が多かったのです。これに対して廣瀬さんは、地域住民の1軒1軒を訪ね歩き、親のない子の大変苦しい生活状況を伝え、彼らをなんとか幸せに育て上げたいという熱意をもって説得し、ようやく地域のみなさんの了解を得られたそうです。

こうして難産の結果生まれた児童養護施設は「黒松内つくし園」と名付けられました。この名には、踏まれても折られてもまっすぐとすくすく伸びるつくしのような子どもに育てたい、という彼の気持ちが込められています。これが1956年のことです。現在ではすでに、この施設から巣立っていった子どもたちが社会に出ており、中には事業を興して成功した人たちも出てきました。彼らはたびたび黒松内つくし園に来ては、子どもたちにお土産を配ったり、多額の寄付をしたりしているようです。

廣瀬さんは施設創設と運営の経験の中で、施設は利用する人だけではなく、地域のみなさんが幸せに暮らせるようにしなければならないと考えて、地域との交流に尽力され、地域福祉の向上のために努力されました。

私たちはこの「地域福祉」という言葉を何気なく使っていますが、この言葉は廣瀬さんが初めて使った言葉だそうです。

また当時、施設内の子どもたちがお年寄りのことをまったく知らないことに廣瀬さんは衝撃を受け、これはいけないと考えました。そこで彼は、子どもたちとお年寄りが一緒に暮らすべきだと考えて、児童養護施設の隣に老人ホームをつくることを決心し、親のない子どもたちとお年寄りたちの交流を図ろうと考えました。この老人ホームの建設資金もまったくの自己資金で、1961年に養護老人ホーム「緑ヶ丘老人ホーム」が創設されます。その後も土地を買い増し、12万平米の土地の中に19の福祉施設がつくられました（※編集部注：2004年当時）。もちろん知的障がい者や身体障がい者のための施設もありますし、保育園もあります。

廣瀬さんはいつも、自分の幸せよりもみんなの幸せを第一に考えています。そのためにはどうしたらよいかということを考えながらひたすら歩み続けていらっしゃいまして、いろいろとお話を伺っていても、いつも頭の下がる、本当に立派な方なのです（※）。

（2004年9月）

※注：廣瀬清蔵さんは2015年7月2日にご逝去されました。

23

――目の前のお年寄りは未来のあなたの姿――

人類が初めて経験する
未曾有の高齢化社会に
お手本はありません。
だから今いる私たちが、
お手本となるしかないのです。

戦後、日本人の平均寿命は急速に延び続けてきました。このように短期間で寿命が延びたということは、人類の歴史上かつてない大きな変化です。このまま寿命は延びていくのか、いったい人間は何才まで生きられるのでしょうか。

私たちは人類がかつて経験したことのない社会、経験したことがない人生を生きているわけです。つまりお手本はありません。ですから、私たちはこれからの超高齢社会を生きる子どもたちや孫たちのために、生き方を模索して、その結果を伝える義務があるのではないかと思います。

つまりそれは、長生きできて幸せだったと感じられるような社会や家庭をつくらなければならないことだと感じますし、そのためには今、目の前にいらっしゃるお年寄りの健康を守るために最大の努力をしなければならないことではないかと私は考えます。

（1993年1月）

認知症高齢者にとっては、

思い込んでいることが真実です。

たとえ、とんちんかんな話でも、

じっくりと時間をかけてよく聞き、

言葉の裏にひそむ真意を汲み取り、

理解しようと努めてください。

頭ごなしに否定したり、決めつけてはいけません。

恐怖や不安を和らげ、心を支えてあげてください。

（1985年3月）

24

——「人とは何か」を学ぶ——

認知症介護とは

認知症は、人間独自の精神活動が
おかされたときに起きる病気です。
そして、人間の生き方を
抜本的に考え直すことが要求される
哲学的な病気だともいえます。
認知症の方の介護をするということは、
人間の老いの実態を見つめ、家族のあり方を考え、
夫と妻の役割分担について思いをめぐらし、
さらには社会福祉のあり方までも
考える機会を与えられたということです。

25

みんなの力でみんなの幸せを。
向こう三軒両隣、
ご近所同士がお互いに助け合える
地域づくりが急がれます。

——認知症７００万人時代に向けて——

若いときに一生懸命働き、地域で尊敬されていたり財をなした人が認知症になることが多いものです。町でみんなから尊敬されていた人が、年をとってから認知症になり、ズボンの上にパンツをはいたり、夜中に飛び出して迷子になったりする姿を町の人々に見せたくないと思うのも無理はありません。しかし、だからといって、認知症高齢者を家の中に監禁すれば、症状は悪くなる一方です。

また、認知症高齢者にしろ、寝たきり高齢者にしろ、お世話がうまくできるのは家族の人数が多い場合のみです。家族みんなにお世話する気持ちがあっても、核家族ではなかなか十分なことはできないのが現実でしょう。

認知症は、脳卒中やがんと同じ「病気」ですから、認知症になったことを恥ずかしがることは決してありません。認知症になる方は真面目で責任感が強く仕事熱心な方ばかりで、遊び人や月給泥棒はなりにくいのです。長い間一生懸命働き、年をとって認知症になるのは、むしろ勲章をもらったようなもので、胸をはっていばってもよいのです。

ですから、わが家のメンバーだけではお世話できないという場合には、近所の方々に、「うちのおばあちゃんは認知症で、いつ飛び出すかわからないから、見かけたら声をかけて連れてきてください」とか、「今日は子どものPTAに出かけなくてはならないから、しばらく、おばあちゃんをみていただけますか」とか、気軽に頼んだほうがよいのです。

でも、子どもがたとえ麻疹にかかろうとも風邪をひこうとも、どのように対処し看病すればよいかは、だいたいみなさんご存じですが、お年寄りが病気になられたときにお世話する方法をわきまえていらっしゃる方はほとんどいません。ましてや、認知症高齢者のお世話についてはまったく知らない方ばかりです。ですからご近所の方にお願いするときは、やり方についてはよくお話しされたほうがよいと思います。

どの家にとっても認知症介護は他人事ではなく、その家のおじいちゃんおばあちゃんがずっと認知症にならないとは限らないわけです。一時的にお世話をお願いすることは、認知症介護の予行練習をしていただくことになるわけですから、むしろ感謝してもらってもよいくらいのものです。

生まれてから死ぬまで、自分ひとりの力で自立した生活ができる人はひとりもいません。

少なくとも自立して自由に生活ができる間は、その力を自分の幸せのためだけに使うのではなく、なるべく多くのまわりの人々の幸せのために使わなくてはいけないのです。

向こう三軒両隣、近くに住む者同士がお互いに助け合うのはもちろん、みんながそれぞれの力で、みんなの一生の幸せを支え合うような地域共同体づくりを早急に進めたいものです。

（1985年3月）

落合美彌子さん（86才）と福祉村病院・リハビリ部長・榊原利夫さん。落合さんは福祉村病院を退院したのち、歩行訓練のため訪問リハビリテーションを利用。入院中に担当していた榊原さんが、落合さんの自宅に訪問している。

CHAPTER 2

愛する幸せ

26

――「まだ、ある」ことへの感謝――

欠陥がない体に
感謝しない心にこそ、
欠陥があります。

日本赤十字社にお勤めの先生が、ハンセン病療養所へ行かれたとき、そこで両手の指10本を、全部ハンセン病のためになくしてしまったお年寄りに出会ったそうです。

そのお年寄りはご夫婦そろってハンセン病で、20年以上そこに入院している方々でした。その先生は慰める言葉もなく、ただ元気で暮らすように励まされたそうです。

ところがそのお年寄りはにっこりほほえみながら、「先生いいですよ。私はご覧の通り1本の指もありませんが、女房にはまだ指が2本も残っているんですよ。おかげで洗濯機で私のものを洗濯してくれます。ありがたいではありませんか」と言ったそうです。

ご自身の手を見てください、指は何本ありますか。

10本あることをありがたいと思って神様に感謝したことはありますか。指が10本あることに感謝のできない人は、外見的には身体欠陥者ではなくても、精神的には欠陥者ではないでしょうか。

（1975年9月）

いつかはその人も
「ありがとう」が言える人間に
なることでしょう。

（1975年9月）

27

——幸せをもたらす言葉——

ありがとう

あなたが「ありがとう」と言える人なら、
そのことに感謝をしてください。
もし、あなたのまわりに
「ありがとう」と言えない人がいるのなら、
あなたはその人に、機会あるごとに
「ありがとう」と言ってあげてください。

28

——介護の犠牲者をつくらないために——

介護を家族ひとりにまかせれば、必ず悪循環に陥ります。

認知症高齢者のお世話は、配偶者かお嫁さんかがひとりでされていることがほとんどなのですが、でも認知症高齢者は、夜中にゴソゴソと動き回るだけでなく、いつ何時、外へ飛び出して迷子になるかわかりませんから、夜もろくろく眠れず、一瞬として気の休まるときがないのです。

そのうえ、おもらしをされますと、おむつやシーツの洗濯は山のようにたまりますし、家中いたるところで粗相をしてしまいますので、その後始末もまったく大変です。汗みどろで毎日飛び回らなくてはなりません。本当に、心身ともにヘトヘトになってしまいます。

だから、日頃はとても優しい方でも、度重なるおもらしに、ついイライラして怒ったり、シーツをビリビリ破られて、ついカッとなって腹を立てたりするのは、人間としてやむを得ないことだと思います。

しかし、認知症高齢者のお世話は、とてもひとりだけではできませんし、もし、ひとりだけでやれば、結果として症状を悪化させてしまいます。お世話をする人のイライラは、すぐご本人に反映して、症状をどんどん悪くいたしますし、悪くなればそれがまた、お世話する人の負担を一層増やすという悪循環になるのです。

だから、認知症高齢者のお世話は、家中の人みんなが協力してやらなくてはならないのです。夫も職場の了解をとって、付き合い酒やゴルフの接待をやめて早く家に帰り、一緒にお風呂に入ったり、夜のおむつの交換をしなくてはなりません。お孫さんも学校から帰ったら、話しかけたり、一緒に散歩したり、一緒に歌ったりしてください。

ある会にいらしたご婦人が、
「ボケは三代祟るといいますが本当ですね。私の息子は自分で言うのもおかしいですが、頭がよく成績が優秀な子で、東大法学部を目指していましたが、おじいちゃんが認知症になって夜中に騒ぐので勉強ができなくなり、とうとう試験に落ちて三流大学にしか入れなくて、人生を台無しにされてしまいました」
と、このように発言されていました。

大切なおじいちゃんが認知症になったときに、お世話もせず放っておいて勉強に専念し、東大法学部に入学し、その方がもし日本の指導者になられたら、日本の社会は背筋が寒くなるほど冷たい暗黒の時代を迎えるのではないでしょうか。

むしろ、おじいちゃんが認知症になったら、勉強の時間を割いてでも、一生懸命におじいちゃんのお世話をしながら、老いとはなんぞやと、人間の一生について深く考えたり、現在の日本の高齢者医療と福祉が抱える問題点について考えていただければ、たとえどのような大学でも、人間的にははるかに大きく成長されることでしょうし、日本の未来にとっては最も望ましいリーダーになられることでしょう。

私は、そのご婦人にこのようなことをお答えし、「むしろ、老後の問題について考える機会を与えてくださったおじいちゃんに、家族みんなで感謝すべきです」とお伝えしました。

お子さんが病気になっても、お年寄りが認知症になっても、みんなで協力して看病し、一刻もよくなるように努めるのが「家族」なのです。

（1985年3月）

上写真:老人保健施設「ジュゲム」入居中の白井倭子さん（89才）と長女の白井美代子さん。
左写真：金田美智次さん（90才）と次女の鈴木あきよさん。金田さんは元・大工の棟梁。
金田さんは、鈴木さんが看護師として勤めている特別養護老人ホーム「第二さわらび荘」に入居している。

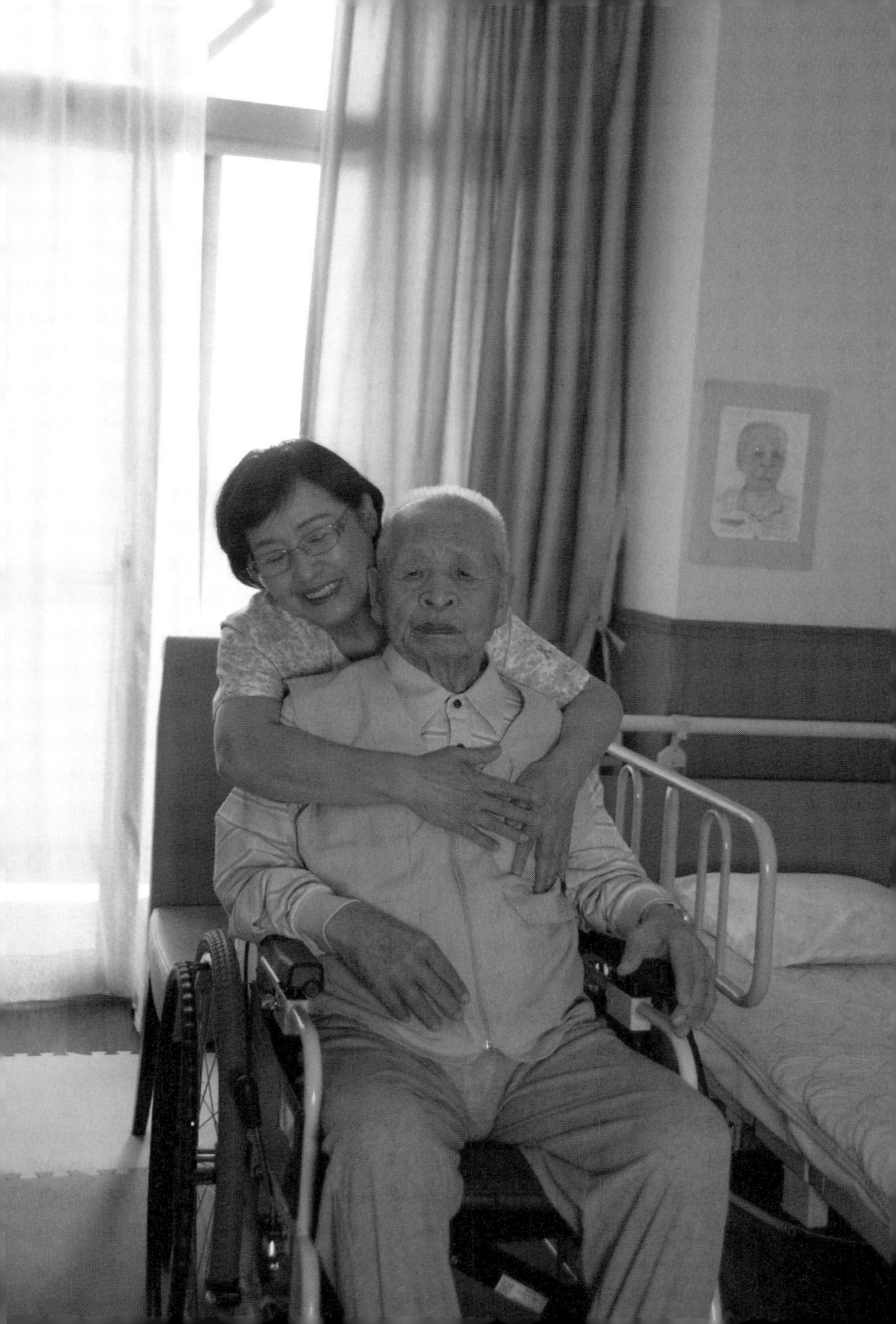

29

——夫婦生活は長い会話である——

人が幸せに暮らすためには、
お金や名誉よりも、
あるいは仕事よりも、
家族との関係性が重要です。

ある銀行員の方とお話をする機会がありました。

毎日忙しくて、とおっしゃるので、どれくらい忙しいのか尋ねてみました。するとこの方は、毎日夜の11時頃に帰宅しているのだそうです。したがって、家には帰って寝るだけの生活をしていると話してくれました。

このような働きぶりですから、たまに休みの日があっても家でごろ寝して過ごされているそうです。


この話を聞いた私は、このような生き方で果たしてよいのだろうか、と考えさせられてしまいました。

もちろん、この方のように毎晩遅くまで働かれている人は、将来銀行の頭取や重役になるといった出世をされるのかもしれません。あるいはこのように働いている方々がおられることで、社会が支えられているという面もあるかもしれません。

ですから、それはそれで立派な生き方なのでしょう。


しかし私自身は、人生の価値は自由な時間の過ごし方で決まると考えています。自由な時間はさまざまな使い方ができます。スポーツや旅行、読書や創作活動といった趣味に使ったり、自己啓発のための時間に利用したり、あるいはボランティア活動をする人もいるでしょう。体を鍛えるなどの健康管理のために使う人もいるかもしれません。

もっとも、極端に自由時間が少なくなるような仕事の仕方をしている人というのは、仕事が趣味のようなもので、仕事に生きがいを感じていらっしゃるのかもしれません。仕事一筋という生き方も、それはそれでその人の生き方ですから、私がとやかく申し上げる立場にはございません。

ちなみに前述の銀行員の方に「帰宅されてから奥様とお話をされる時間はありますか?」と尋ねましたら「『メシ、風呂、寝る』だけは必ず言ってる」と苦笑いをされていました。これでは会話をしているうちには入らないと思いました。

このような状態でよいのでしょうか。

私は、人が幸せに暮らすためにはお金や名誉よりも、あるいは仕事よりも、家族との関係性が重要だと考えています。

特に現代のような長寿社会となりますと、家族の重要性はますます高まります。

そして家族の重要性の中でも、夫婦の関係は最も重要です。人生も80年以上の時代になれば、子どもと暮らす期間よりも子どもが巣立ってから夫婦ふたりだけで暮らす期間のほうが長くなってくるわけです。

ですから夫婦が仲よく助け合って暮らすことは非常に大切なことだといえます。そのためにはお互いによく話すことが基礎的な条件だと思いませんか。ですから、なるべく機会をつくって、夫婦の会話を増やしてほしいと思います（※）。

（1988年7月）

※注：リクルートブライダル総研による『夫婦関係調査2015』によると、夫婦満足度が高い夫は、満足していない夫と比べ「1時間以上の夫婦ふたりでの会話」または「1時間以上の家族（夫婦）との会話」の回数が、全年代を通じて多い。また、夫婦満足度が高い妻は、満足していない妻と比べて「夫婦ふたりで、仕事の後や休日に一緒に遊んだり、趣味を楽しむ」または「家族（夫婦）で、仕事の後や休日に一緒に遊んだり、趣味を楽しむ」回数が全年代を通じて多い。

30

お年寄りへの軽はずみな物言いは、治る病気も治らなくします。

——声をかける前に推敲を——

新約聖書に、「はじめに言葉ありき。言葉は神と共にあり、言葉は神であった」とありますように、言葉は人間にとって大切なものでありながら同時に、難しいものでもあります。

偶然会った人から、「あなた、このごろ顔色がよくないけど大丈夫？」と言われたことがきっかけで、自分の健康状態が心配になってしまい、昼の食事ものどを通らず、夜も眠れなくなってしまう人がいます。

相手が何気なく口にした一言なのに、それで不安と心配のどん底に沈んでしまったわけです。

まったく素人の方の一言でさえこのように落ち込む人もいるのですから、ましてや医師などの医療の専門家が、相手の気持ちも深く考えない言い方で病状を伝えたら、治る病気も治らなくなるのかもしれません。

私たちの不用意な発言が、患者さんやご家族、あるいは友人をひどく傷つけたり落ち込ませたりすることがありますから、言葉にはくれぐれも注意しなければなりません。

中国の古い言葉にも、「綸言汗《りんげん》の如し」というものがあります。出た汗を体の中に戻すことができないのと同じように、一旦口から出した言葉は引っ込めることができないから注意しなさいという意味だそうです。

中国のことわざにも「病は口より入り、禍《わざわい》は口より出《い》ず」というものがあります。また、フランスにも「ものを言う前に7度舌を回せ」ということわざがあります。これはばかげたことを言いたくなければ、話をする前に7度よく考えてから言いなさいということわざだそうです。おしゃべりの好きなフランス人でさえも、このようなことわざをもっているわけです。

しかし、失言を恐れてばかりいますと、あの人は暗いとか無愛想だとか言われて人からあまり好かれません。

これに対して人類学者ブロニスワフ・マリノフスキは言葉の「交感的機能」を提唱しています。たとえば人に会ったら「天気がいいですね」とか、「今日は暑いですね」と声をかけることの効能です。

これらはひとつも意味のある情報を含んでいませんけれども、しかしまったく何も話さないよりはよいということです。少なくとも、相手に対して敵意をもっていないことや、同じ社会で同じように共に暮らしているのだということを相手に対して伝える効果があるということです。

もうひとつ、『夜と霧』という本で有名なウィーン大学医学部精神科のヴィクトール・フランクル教授は、ロゴセラピーというものを提唱されています。

たとえば1年前に最愛の妻を失ってその悲しみから抜けられない患者さんに対してフランクル教授は、「あなたは奥さんに死なれて嘆いているけれども、もし亡くなったのが奥さんではなくてあなただったらどうだったでしょう」と語りかけました。

これを聞いた患者さんは「妻はどんなにか私の死を嘆いたことでしょう。妻に私のこのような悲しみを味わわせるくらいだったら、まだ妻に先立たれた今のほうがましです」と答えたそうです。

フランクル教授は、患者さんの運命を変えることはできなかったし、その妻を蘇らせることはできないけれども、患者さんが、変えることのできない運命に対する姿勢を変えることによって、自分の苦悩の中に意味を見出すことに成功したと言っております。

このように、深い考察に基づいた言葉には素晴らしい力があると思います。

（2000年7月）

大切な人が

いつも笑顔でいられるよう、

ユーモアを忘れずにいたいものです。

（2003年10月）

31

――見方を変えれば世界が変わる――

人生にユーモアを

笑いというのは非常に知的で、
高尚なものです。
ユーモアというのは言葉の教養であり、
最高の文化です。
言葉の感覚が洗練されていないと、
ユーモアをつくり出すこともできませんし、
受け答えもできません。
そのユーモアで笑うこともできません。

32

——大きな悲しみから立ち直る支援を——

大きな環境の変化やショックは、お年寄りの心に不安の暗雲をわき起こす原因となります。その不安から救い出すことが認知症予防にもつながります。

連れ合いに先立たれてがっくりとしているところへ、日頃まったくつき合いのなかった亡き夫の弟が突如現れ、「兄貴のものはおれのものだから、この家も土地もおれのものだ。とっととここから出ていけ」と言われて、そのショックから認知症になったご婦人がいます。

大きな環境の変化やショックは認知症になるきっかけとなります。ですから、連れ合いに先立たれることも要因のひとつになります。

長年連れ添い、お互いに支え合い、人生の山河を乗り越えてきたのですから、先立たれると胸にぽっかり大きな空洞があいたような寂しさと悲しみに打ちひしがれ、この先どのようにして暮らしていこうかという不安が、夕立の前の黒い雲のように次々とわき起こってきます。

非常に頼りにしていた長男が突然の交通事故に遭ったり、目に入れても痛くないほどかわいがっていた孫娘が、難病にかかって入退院を繰り返したりしているときも、認知症の引き金になることがあります。優しい励ましと温かいいたわりを絶えず忘れず、一刻も早くお年寄りに落ち着いていただき、幸せに暮らせるようにしてあげなくてはなりません。

（1985年3月）

お互いに愛する者同士が

お互いを支え合って幸せに暮らせるよう、

何度でも結婚することを、

みなが心から祝福するようにしたいものです。

（1980年11月）

33

――愛のある暮らしを、また――

老婚のすすめ

人間はエゴイストなのに寂しがりやなので、
ひとり暮らしは気楽でいいや、
なんて強がってみても、
しょせんひとりでは幸せな生活はできません。
日本人の寿命は延びていますから、
結婚は一生に一度だけという
昔のしきたりに縛られることなく、

34

女性が結婚だけを目的にせず、
やり甲斐のある仕事や
勉強に打ち込める環境を、
私たちはつくらねばなりません。

——堂々と結婚以外の選択肢をもつために——

男は仕事、女は結婚が生きがいだというような、古い考えは捨てなくては、女性の一生の幸せはつかめないでしょう。女性も結婚だけを一生の目的としないで、自分が本当にしたい仕事を一生やり、また自分の好きな勉強を一生続けてやるべきなのです。

もし、本当に心の底から愛する男性ができたら一緒に暮らし、もし不幸にして愛がさめたら別れればよいのです。

しかし企業側には、出産や育児で長い間休まれるのでは、とても責任ある仕事はまかせられないと考えるところがまだ多いようです。職場で責任ある仕事をやらせてもらえなければ女性はしらけきり、結婚でもして三食昼寝付き、おまけに定年なしの永久就職をしようと考えるのも仕方ありません。

私たちがなすべきことは、第一に女性がひとりで暮らしを立ててゆくときに障害になるものはすべて取り除くこと。次に、女性が自分に与えられた能力を無限に伸ばしていこうとするときに、妨げとなるものがあるのなら、それをすべて取り除くことではないでしょうか。

（1975年2月）

職員の渥美時子さん（84才）。特別養護老人ホーム「さわらび荘」に入居する80名分の衣類の洗濯、整頓を行う。「仕事しているのが本当に楽しいから、休憩なしでもいいの」（渥美さん）。

35

終わった愛に囚われたお年寄りに、次の愛を見出す手助けを。

――人は常に、愛の対象を探し続ける――

死ぬことが確実で、しかも、いつ死ぬのか誰にもわからない生命を与えられたわれわれ人間が、なぜ生きてゆけるのか。

それは誰かを、何かを愛しているからです。

愛なくしては、誰も生きてはゆかれないのです。

しかし、永遠に滅びない生命がこの世に存在しないように、永遠の愛はこの世に存在いたしません。すべてを捧げて愛し合った恋人同士でも、いかに深い絆で結ばれた親子でも、いつかはその愛が消え、衰えてゆくときが必ずくるのです。

もしも不幸にしてひとつの愛が消えたなら、私たちは次の愛を見出して育てなくてはなりません。でも年をとって消極的になったお年寄りには、新しい愛を生み出し、育てるのは難しいことでしょう。

むしろ、お年寄りのまわりにいるわれわれのほうから、暖かい愛情を降り注ぎ、あるいは愛情の対象を見出しやすくするような機会を、たびたびつくってさしあげなくてはならないと思います。

（1976年6月）

36

――添い遂げる人の存在が特効薬になる――

老いた男と女が結ばれ、ともに暮らすのは素晴らしいこと。お年寄り同士のゆるやかな生活は孤独地獄を救済します。

生きている限り、男と女が結ばれ、支え合い、助け合って生きていくのが一番自然な姿です。ともに暮らす異性を得ることで、お年寄りの最大の敵である孤独地獄から逃れられるだけでなく、実生活のうえでもさまざまなメリットが生まれます。

お年寄りは何事もゆっくりと行うので、一日はあっという間に終わってしまいます。ですから、若い家族の生きている時間とはずれた、お年寄り同士のライフスタイルが必要です。

そのことで、老いた親が若い世代とのライフスタイルの違いから感じるストレスからまぬがれ、自殺の誘惑をさけることができますし、認知症になることも防げるのです。

ですから、もし、不幸にしてご両親のどちらかが亡くなったら、子どもたるもの、金のわらじをはいてでも、すぐに、親のために良い連れ合いを探し出す努力をしてもらいたいと思います。

（1982年4月）

37

愛情あふれる家庭こそ、認知症予防に最も役立つ薬です。

——冷たい家庭にお年寄りを置いてはならない——

「妻を亡くして孤独になった夫は、アル中になることが多い」とは、世界中どこでもいわれていることです。そして、優しい妻に先立たれた男性ほど、認知症になりやすいものはありません。

年をとり、社会的に活動する範囲が狭くなっていきますと、しばしば家族だけが生きがいとなってゆきます。特に、年とともに生きる支えとしての連れ合いの重要性が増してまいります。

嫁に冷たくあしらわれるお姑さんや、妻にいじめられている夫も、認知症になりやすくなります。このような方々が認知症になりますと、どんどん悪くなるばかりで、なかなかよくなりません。

愛する異性とお互いに支え合い、子どもたちを慈しみ、老いた親たちを大切にして、愛情あふれる家庭をつくることこそ、認知症予防に最も大切なことなのです。たとえば、お世話したくないけど長男の嫁だし、人から非難されるのも嫌だからと仕方なくお年寄りと暮らしている方がいるなら、むしろそのお年寄りのために老人ホームに入っていただくか、他のごきょうだいに引き渡すべきです。そのほうがお互い幸せに暮らせますし、そのお年寄りも認知症になりにくくなります。

（1985年3月）

どこがきれいかよく探してください。

そして、手を合わせて隣の人を拝んでください。

今、あなたの隣にいる人は

仏になる素質をもった尊い人です。

そして、あなた自身をも

手を合わせて自分で拝んでください。

あなたも仏になる素質をもった方ですから。

（1974年7月）

38

—— 美しさに気づく心 ——

尊い人

今、あなたの隣にいる人を見てください。
きれいだなと思いますか。思ったら結構です。
次は、きれいな人と一時でも一緒にいられて
幸せだなと思ってください。
もし、きれいだなと感じなかったら、
見る角度を変えるとか、
見る場所を変えてください。
顔がまずくとも目がきれいだとか、
白髪がきれいだとか、
人間どこかきれいなところがあるものです。

栢植光次さん（82才）、悦子さん（79才）ご夫婦。ともに介護付有料老人ホーム「フェリス福祉村」に入居。

CHAPTER 3
育む幸せ

39

――多様性を受け入れる教育を――

障がい児や高齢者とふれ、思いやりを育てることは、学力向上と同じくらい大切です。

文字通り閉ざされた人間関係の中にいる在宅障がい児の多くに、自分の目を突っついたり、壁や柱に頭をぶつける自傷行為が現れます。

人間が人間らしく育つには、多くの人間との交流が必要なのです。障がい児でも、なるべく健常児と同じように保育園に入れ、学校に通わせるべきだと思います。

健常児にも同じことがいえます。障がい児と一緒に授業を受けることで、人間として非常に大事な思いやりや、いたわりを身につけることができるでしょう。

「障がい児がクラスの中にいるので、先生の手がかかり、そのためにクラス全員が他のクラスに比べて学力が劣って困る」と苦情を言う母親がいるそうです。しかし、障がい児が健常児と一緒に教育を受けるのがどれほど重要かを理解せず、自分の子どもがエリートコースを進むことだけを望む母親が、自分のことしか考えない冷酷なエリートをつくりだすのです。

世の中には健常者だけではなく、障がい者も高齢者もいることを理解するという、大変貴重な人生教育が受けられることに、感謝をしなくてはならないと思います。

（1985年8月）

40

——親の理想から子どもの人生を解放する——

子どもの可能性を摘み取るのは親。
個性や能力を活かした仕事で
食べていけるような子育てを。

東京で中学生が両親と祖母を殺したという事件がありました。子育てについて考えさせられる事件です。

子どもを育てるときに、まず考えるのは、健康に育てたいということだと思います。健康のためには、栄養バランスのとれた食事をさせるということが大切です。このバランスのとれた栄養は、精神的にもよい影響を与えることになります。

次に、勉強をさせることが大切です。しかし同時に遊ぶことも大切です。ですから勉強と遊びの時間配分のバランスがよくなるような指導が必要です。子どもの教育には、両親の教育に対する考え方が非常に重要になってきます。

この事件を起こした中学生はひとりっ子だったようですが、近年は子どもの数が少なくなりましたので、過保護というか関心をもちすぎて干渉しすぎる傾向が強いのではないかと思います。それこそ箸の上げ下ろしにまで口を入れるという状況ですね。

また、ひとりっ子が増えたため、そのたったひとりのわが子に老後を託そうと思いますから、どうしても「〇〇のような子に育てたい」という思いが強くなります。その結果、その子の個性を考慮せず、親の理想を押しつけることになってしまうのではないでしょうか。

子どもを育てるときに大切なことは、その子の個性をよく見て、その個性を伸ばす教育をすることです。とかく視野の狭い母親は、とにかくよい学校に入ればよいとか、よい学校を出てから一流企業に入ればよいと考えがちです。一流大学や一流企業に入りさえすれば、子どもは幸せになると勘違いしているのですね。これは非常に大きな勘違いです。

もはや現在の日本は学歴社会ではありませんし、現在の一流企業が永久に一流企業であることも保証されません。むしろ今、三流企業や四流企業くらいのほうが、将来は大きくなる可能性だってあります。

このような事件をご家庭で起こさないためにも、まずは一部の母親の方々に考え方を改めていただきたいと思います。

一方、父親はとかく仕事が忙しい忙しいということで、家庭のことや町内のことを全部奥さんにまかせっぱなしということになりやすいのですが、これもよくありません。

仕事も大切ですが、家庭で子どもと一緒に過ごしたり、あるいは隣近所との交流を深めたりするということが、子どもを健全に育てるためには大変重要なことになります。

特に子どもたちが、向こう三軒両隣の子どもらと遊ぶことが非常に少なくなっています。年齢も体の大きさも異なる子どもたちが一緒に遊ぶということは、子どもの精神的な発育に非常に重要なことです。

ともかく私たちは、自分の子どもや孫たちのために、少しでもよい社会を残すように努力しようではありませんか。

（1988年7月）

福祉村保育園の園児たち。職員が働きやすい環境をつくるため福祉村内に開設された。

41

――言語能力は乳幼児期に育まれる――

親しみを込めて語りかける。
よい絵本を読んであげる。
それが一生の財産になります。

赤ちゃんに言葉を覚えさせるには、生まれてから2才になるまでがもっとも重要です（※）。ですから、この時期に言葉を覚えさせないと、取り戻すのが難しくなります。注意すべきは、一日中テレビがつけっぱなしのようなご家庭に、うまく言葉を覚えられない子どもが多い傾向があることです。

まわりの人々が、赤ちゃんと言葉で親密な交流をすることが大切です。一生懸命話す赤ちゃんの言葉に耳を傾けること。そして、お子さんの耳が一番よい時期に、ぜひ絵本を読んで聞かせてあげてください。

写真のようにはっきりと絵が描かれていて、言葉がリズミカルなものがよいです。絵本を読んであげているとき、赤ちゃんはまじまじと絵を見ています。そしてしっかりと聞いているのです。

このときに覚えた言葉は一生の財産になります。テレビを消して、赤ちゃんにおとぎ話や昔話を聞かせてあげましょう。

（2004年8月）

※注：米スタンフォード大学の研究グループは「生後24カ月までに親が子どもに話しかける回数が多いほど、幼児の言語能力は発達する」という研究結果を発表。2013年9月10日付の『サイコロジカル・サイエンス』誌に掲載された。

42

ヒノキを丈夫にするのは我慢と忍耐。
それは子育てにおいても同じです。

——肥えた土が成長を促すとは限らない——

木でつくられた歴史的建造物に奈良の法隆寺や正倉院がありますが、これらは1300年もの長い間、風雪に耐えてきたわけです。宮大工の方の話によると、神社仏閣の建設にヒノキがよく使われるのは、やはりヒノキの寿命が長いからだそうです。

たとえば100年かかって育った木は、そののち建物に使用したとき100年しかもたず、500年かかって育った木は500年もつといいます。また、雨の多いところで育った木は湿気に強く、寒いところで育った木は寒さに強いと考えられるそうです。ヒノキの寿命は2000年以上、しかも岩盤などやせた土地でも育ちやすいので、耐用年数がとても長いのでしょう。

これは子育てについても同じことがいえるのではないでしょうか。子どものために、あらゆる勉強の環境を整え、子どもがほしがるものをすべて与えて育てるよりは、我慢すべきときは歯を食いしばってでもじっと我慢させるという育て方のほうが子どものためではないでしょうか。

木から私たちが学べることも多いと思います。

（2001年6月）

参考文献：『法隆寺を支えた木』（西岡常一、小原二郎・著／NHKブックス）

43

―老後のふたり暮らしのために―

愛情のない家庭においては
夫は夫ではなく粗大ゴミに、
妻は妻ではなく家事担当者となります。
子どもが生まれた後も、
心の通った夫婦関係づくりを。

日本の女性は、子どもが生まれると夫なんかそっちのけで子育てに熱中する傾向があり、「亭主元気で留守がいい」と言ってはばからない有様です。

しかし、みんなの寿命が延びて、子育ての期間よりも夫婦ふたりだけで暮らす期間のほうがはるかに長くなってきました。

若い間は、映画とか音楽とか楽しむことがいっぱいありますが、年をとってきますと外出することも少なくなり、家の中で老夫婦がお互いに支え合って暮らすことが多くなります。そんなとき、粗大ゴミと家事担当者が冷たく向き合っているだけでは、決して幸せとは申せません。

たとえ子どもが生まれても、お互いに愛情を温め合うことを忘れないようにすることが大切です。そのためにも、毎朝、お互いに抱き合い、キッスをしてから出勤するようにいたしましょう。

（1985年3月）

ですから、夫婦は仲よくしてください。

相手の長所を見てあげましょう。

逆に、短所には目をつぶってあげるのです。

そして、子どもに人生観を押しつけたりせず、

個性を伸ばしてあげてください。

（2004年7月）

44

――家庭は心の学び舎――

協調と個性

子どもにとって家庭とは、

人生で最初に出会う

共同生活の場であると同時に、

自分とは違った人間と

協調していくことを学ぶ場です。

45

子どもが傷つくような言葉を使って叱るのはよくありません。感情にまかせて叱ったら謝ること。

——叱るときこそ使う言葉は慎重に——

子どもはみな、特に幼い子どもは叱られますと、自分が嫌われているのではないかと思ってしまいます。ですから、叱るときはほめるときよりもいっそう落ち着いて、慎重に言葉を選んで叱らなければなりません。

子どものしたことは間違っているけれども、それをした子どもが嫌いだから叱るのではなく、子どもの将来のことを思って叱っているのだということが、うまく子どもに伝わるようにしましょう。このとき、子どもの心を傷つけることを絶対に言わないようにしなければいけません。

しかし、親も人間ですから、時にはついカッとなって子どもを怒鳴りつけてしまうこともあります。

そんな場合には、自分が感情的になったことを認めて、すぐ子どもに謝ることです。このとき、親の面子などを気にしてはいけません。親は子どもの手本としていつも完璧である必要などないのです。むしろ自分のありのままの姿を子どもに見せることのほうが大切だと思います。

（2000年8月）

46

育児の悩みやあせりによる虐待の悲劇を増やさぬよう、子育ての社会化を進めましょう。

――育児の孤立化を防ぐことが虐待防止になる――

私たちにとって子どもは、人類の未来を担ってくれる大切な宝です。

しかし統計を見ますと、家庭での児童虐待は年々増える傾向にあります（※注1）。家庭で暴力を振るうのは圧倒的に実母が多く、次に実父です（※注2）。学校での先生の態度ですら厳しく非難されるような時代にもかかわらず、家庭での暴力は見過ごされているのです。子育ては家庭という密室で行われ、親と子しかいない状況になりやすいため早期発見が困難です。また、「自分の子どもをしっかり育てなければならない」という親の過剰な思い込みから、ついしつけという名の暴力になってしまうこともあるようです。

母親がわずか10才の息子を全裸にして縛りつけて、2階のベランダに40時間以上も放置して殺害したという大変痛ましい事件が愛知県でありました。子どもが嘘を言ったり兄弟姉妹をいじめたりすることはよくありませんが、この程度のことは、どの子にも見られることだと私は思います。

私の好きな言葉に「心貧しき者は人の短所を見、心豊かなる者は人の長所を見る」があります。しかし親の中には、私たちの目から見れば些細としか思えないようなわが子の欠点をまったく許せず、暴力を振るい続けてまで直そうとする人がいるようです。

虐待を受けたどの子にも長所はいっぱいあったはずです。なのにそのような親は、長所よりも短所ばかりを見ていたのかもしれません。このような痛ましい事件を増やさないために、私たちはどうしたらよいのでしょう。

ひとくちに子どもといいましてもさまざまです。走ることが速い子や工作が上手な器用な子、絵や作文の上手な子もいるわけです。子どもに厳しい枠をはめつけるよりも、それぞれの子どもがもっているよいところを十分に伸ばすようにしむけることが最も大切なことだと思います。

そして私たちは、自分の子どもだけではなく、地域の子どもたちにも広く目を向けて、みんなが才能を伸ばし、伸び伸びと成長できるように、みんなで子どもたちを支えていきたいと思うのです。たとえば、よその子でもよいことをしているのを見かけたら大いにほめてあげる、悪いことをしている子どもを見かけたら優しく注意してあげるというようにです。

先ほどふれた事件を起こした母親は、近所との会話もほとんどなかったようですし、子どものしつけについても他人の意見にはまったく耳を貸さなかったということです。学校の担任の先生も心配して、家庭訪問をしましょうかと再三電話したそうですけど、断られていたそうです。

もし町の中に、子育てについて話し合えるサークルがあって、みんながざっくばらんに子育ての悩みを打ち明け合ったり相談し合ったりしていたなら、たとえ問題がすっきり解決しないまでも、肩の荷が軽くなっていたかもしれません。サークルがなくても、近所の主婦同士や同じ職場で働く者同士が心を開いて、日頃からなんでも話し合える間柄になっていれば、このような悲劇は防げたかもしれません。このような、「子育ての社会化」といったことが私たちに求められているのではないでしょうか。

（2000年10月）

※注1：『平成27年度・児童相談所での児童虐待相談対応件数（速報値）』によると2015年中に対応した児童虐待相談件数は過去最多の10万3260件で、15年前と比べて約5・8倍増加している。

※注2：厚生労働省・平成26年度資料『児童虐待の状況等』によると、主たる虐待者の割合で多いのは実母（52・4％）と実父（34・5％）。

47

――子どもたちへの負荷を減らすために――

急速に進む少子化により、
子が親孝行をするのが難しい時代。
私たちにできるのは、
地域でお年寄りを支える
仕組みづくりをすること。

ふと、山羊の親子が仲よく草を食べている情景を目にしました。本当にほのぼのとした気分になり、心が和みます。このように哺乳動物のほとんどは親が子どもの世話をします。これは人間だけではないのですね。ところが逆に、子どもが親に尽くすとか、子どもが親の面倒をみるというのは、人間だけなのです。ですから、親孝行というのは人間の存在理由といいますか、人間特有の行動なのです。

今後は、子どもが親の面倒をみるということが、ますます厳しい時代になってまいります。今の時代の日本の女性は、たくさん子どもを産みません（編集部注：２０１５年の合計特殊出生率は１・４５人）。ですので、子どもの数が非常に少なくなっています。そのうえ、グローバリゼーションの波により大勢の外国人が日本に来て働いているのと同様に、日本人も外国で働いております。また、勤め先によっては国内にいても転勤がありますので、子どもが年をとった親と暮らしながらその親を支えるとか、親孝行するといったことが非常に難しくなってきているのです。

こういう状況になった以上、私たちは、お年寄りを地域の中で支える仕組みをつくっていかなければならないわけです。

（１９９２年５月）

宮口茉綺ちゃん（2才）と福祉村
保育園・保育士の橋本沙也佳さん。

CHAPTER 4
暮らしと幸せ

48

——いかに一生涯の幸せを確保するか——

人の幸せとは、生涯にわたり
自立した生活を送ること。
そのための訓練が
生きる幸せを取り戻します。

私は「幸せ」には、３つの条件が必要だと思います。
一、自立して自分の力で生きられること
二、お互いに愛し合って支え合って生きること
三、自分の力で、周りの人のために役立つ働きをすること
しかし私たちは、これら３つの条件を死ぬまで満たし続けることはできません。年をとったり病気やけがをしたり、あるいは他の理由で自分の力だけで生きられなくなるときがきます。そのときにどのようにして幸せを確保するのかということが大きな問題になります。

そのときのために福祉施設があります。しかし福祉施設に入られた方の生活を、すべての面で職員がお世話してさしあげることが理想的であるとはいえません。

職員の助けを受けながらも、自分でできることはなるべく自分ですることが大切です。自立性を高める訓練を受け、自立した生活ができるようになったら、もう一度社会に戻れることを目指すのが理想的です。
したがって病院や施設は、自立するまでの通過施設であるべきなのです。

（１９８９年11月）

障害者支援施設「珠藻荘」副施設長・田中力さん（55才）。17才のとき事故で頸椎を損傷。2年に及ぶ入院生活を経て、20才で珠藻荘に入所。以降、現在に至るまで車いす生活を送る。29才のとき、普通自動車運転免許を取得。20年後の40才を境に、退所。ピアカウンセラー（※）として珠藻荘で働きながらひとり暮らしを始める。2003年より現職。2004年に結婚し、現在は一男一女の父。

※ピアカウンセラー…障がいをもつ当事者が、同じく障がいをもつ方が自立できるようアドバイスやサポートを行う。

49

――人生の価値は自由時間の使い方で決まる――

人生の90パーセントは自由時間。
たった一度の人生を
価値あるものにするために、
90パーセントの時間の過ごし方を
真剣に考えなくてはいけません。

人生80年の時代になりました。時間に換算すると70万８００時間になります。このうち私たちがお金のために働いている時間は、約7万時間です（※）。つまり、人生の約10パーセントを働けば、あとの90パーセントは自由な時間だと考えることができます。

この90パーセントをどのように過ごすかによって、その人の人生の価値が決まるといってても過言ではありません。ですから、たった一度の人生を価値あるものにするためには、この90パーセントの過ごし方を真剣に考えなくてはなりません。

使い方は大きく分けて３つあります。１つめは自分に与えられた能力を磨く自己啓発に使うこと。２つめは気晴らしや楽しみ、休養に使うこと。３つめは、できる範囲でまわりの人を幸せにする社会的な貢献をすることです。

仕事一筋で立派な仕事をやり遂げることも素晴らしいことですが、仕事以外でも本当にやりたいことがあるのでしたら、若いうちから自由時間を使ってやり遂げる準備をすることが必要です。

（１９９０年９月）

※注：22才で大学卒業した人が43年間、年平均１７２４時間（厚生労働省『労働統計要覧―実労働時間数（調査産業計）』平成28年度データより）働いたとすると7万４１３２時間。

50

――多様な価値観を受け入れる――

これからの時代に必要なのは、
多様な価値観を理解すること。
そのうえで、
あなたの幸せにつながる生き方を
自分自身で見つけましょう。

１９９０年２月の中央公論に、梅原猛氏の『一神教から多神教へ』という論文が寄稿されました。それによれば、もともと人類は多神教徒であったということです。これからの時代は、一神教的な考えが成り立たない時代が来て、日本をはじめとする多神教的な考え方が世界をリードするようになるだろうと氏はいいます。氏の論文に触発された私は、ひとつのイデオロギーに縛られた組織よりも、多様な考えを受け入れることができる寛容な組織のほうが創造的なのではないかと感じました。また現代は情報化社会が進んでいます。たとえば、これまでの産業が生み出した自動車などのツールは、誰が使っても同じ利便性をもたらす単一の価値を提供してきました。しかし情報は、受け手によりさまざまな価値を持ちます。その意味では情報化社会とは多神教的な社会であるといえるのではないでしょうか。

さらに世はグローバリゼーションで、地球上の人々がすべてインターネットで結ばれている時代です。他の民族の宗教との関係をどのようにしたらよいのか考えなければいけないときかもしれません。自分と同じ考え方は許すが、異なる考え方は許せないというのは、進歩的ではありません。

私たちは、多様な価値観の中からどれが自分の幸せにつながるのか、自分自身で考えねばならない時代を生きているのだと思います。

（１９９０年２月）

EPA（経済連携協定）に基づき、インドネシア、フィリピン、ベトナムから来た介護福祉士候補者のみなさん。さわらびグループでは看護師・介護福祉士候補者を受け入れており、候補者は宗教や生活様式の違いを理解しながら、日本語研修を受け、各施設で業務・研修を行う。協定で認められた滞在期間、就労・研修し国家試験を受験、合格を目指す。

51

―生きがいをもつことの重要性―

自発的に生きる人は、
人に言われるがままに
生きる人よりも死を遠ざけます。

私たちはみな、生きがいをもち続けていたいと思っています。しかし、さまざまな理由により生きがいを失ってしまうこともあります。

以前、厚生労働省からの委託を受けて、さわらびグループの福祉施設におられる高齢者800名に、生きがいに関するアンケート調査を行ったことがありました。その調査で、人がどのようなときに生きがいをなくしてしまうのかを調べました。

生きがいをなくしてしまう理由で圧倒的に多かったのは、「病気の苦しみを受けているとき」でした。次が「友人がいなくて孤独を感じたとき」あるいは「配偶者に死なれて孤独になったとき」でした。そして「役割がないとき」「貧しいとき」と続きました。

「役割がないとき」というのは、同じ施設の中で他の人の役に立てることがないということです。たとえば車いすを押してあげることや話し相手になってあげることなど、自分ができる範囲で誰かのお世話をすることが見つけられないということです。

逆に生きがいをもっている方々はこの逆の状態にいます。

どのようなことに生きがいを感じるかというと、トップが「友人がいること」です。次に「趣味があること」。そして「役割をもっていること」、「体調がよいこと」、そして「お金の心配をしたことがないこと」でした。

ところで、精神状態と免疫には強い関係があります。たとえば、離婚経験者には生きがいをなくしたと感じる人が多いのです。また、配偶者を亡くされた方には、がんが発症しやすいこともわかっています。

そこで生きがいをもっている方々と生きがいを失った方々の免疫を調べましたら、はっきりとした違いが出ました。たとえば生きがいをもっている方々のほうが、白血球やリンパ球が多いことがわかったのです。このことは免疫力にも影響していると考えられます。

実際に生きがいをもって自発的に生活している患者さんと、生きがいをもたずに職員に言われるがままに暮らしている患者さんの経過を比較すると、生きがいをもっている患者さんのほうが症状がよくなりやすいことがわかっています。

このように、生きがいをもっているかもっていないかということが、私たちの健康にとても大きな影響を与えていることがわかってきました。

したがって、患者さんに生きがいをもっていただくことは、私たちにとっても重要なことです。

どうかみなさんも、友達や趣味をもち、自分の役割を見つけるなどして、生きがいをもってほしいと思います。

（1991年2月）

でも、人生ですから、

いろいろなことが起こります。

とても、

いつもにこにこといかないのが普通です。

しかし、それでも心のもち方を変え、

発想を転換すれば、

いつも明るくほがらかに、

そして幸せに暮らせます。

（1985年3月）

52

――病気と心は表裏一体――

ほがらかに

昔から「病は気から」と申しますが、
まったくその通りなのです。
不快な感情は、肉体の病気を引き起こしますし、
逆に脳卒中やリウマチなどで
寝たきりになりますと、
うつ病や認知症などの
病気を引き起こしやすくなります。
いつも明るくほがらかに、
にこにこ笑って幸せに過ごすことが
非常に大切なのです。

53

―自らを戒める客観性をもち続ける―

自分中心の幸せを求めても、
結局は不幸になります。
我から離れ、私たちの幸せや
子や孫の幸せを目指す
「離見の見」が必要です。

世阿弥《ぜあみ》が能に関する芸術論を集成した書に『花鏡《かきょう》』があります。この書には、能を演ずる者の心構えや生き方について記されています。

この書の言葉では「初心忘るべからず」が有名ですが、もうひとつ有名な言葉に「離見《りけん》の見《けん》」があります。

能を演じるにはまず「我見《がけん》」が大切です。これは、演じる題目をどのように解釈するか、そしてどのように演じるかという自分の意見をもつことです。そして、さらに大切なことが「離見の見」です。これは、自分の演技が観客からどのように見えているのかということを、自分自身から離れた観客の目で客観的に自分の演技を見ることです。

この「離見の見」は私たちにも必要ではないでしょうか。自分だけのことを考えて幸せになろうとすると、結局不幸になってしまいます。

みんなで力を合わせて「私たちの幸せ」や「子や孫の幸せ」を目指すことで、初めて本当の幸せを感じることができます。

ですから、「我」を離れる「離見の見」という考え方の大切さを、今一度深くかみしめていただきたいのです。

（1999年7月）

54

—社会貢献は私たちの歴史的使命—

私たちはみな、
与えられた才能を最大限に伸ばし、
この社会と世界のために
貢献する義務があります。

私がおります豊橋の福祉村は、この地域すべての人々の幸せを確保するためにつくりました。

しかし個人的には、私たちは一生を通じてなるべく長い期間、他人の世話にならずに自立した生活ができるように努めるべきだと思います。

また、元気で働ける間は、それぞれの能力を使って、なるべく多くの人の生活を助けるために働かなくてはならないと思います。

私たちは、命とともに与えられた才能を最大限に伸ばすために毎日学習と鍛錬を重ね、その才能をもって、この日本社会ひいては世界のために貢献する義務がございます。これこそ、歴史的社会の中に命を与えられた私たちすべての、歴史的使命なのです。

最大の貢献をするためには、己の欲を取り払った目でこの世の中を見つめ、現代社会の意思を理解し、その意思をまわりの人々にも告げ、それを実現させるように努力しなくてはなりません。

（1981年10月）

島津淳一さん(42才)。島津さんはグループホーム「明日香ホーム」で暮らしながら、平日は福祉村内のクリーニングセンターに勤務。障がい者が社会に出るための実習の場として開設されたクリーニングセンターでは、福祉村内にある施設の布おむつを扱う。テレビを観るのが好きな島津さんは、中居正広さんのファン。

白川幸一さん（73才）。知的障がいをもつ白川さんは、グループホーム「あかねホーム」で共同生活援助を受けながら、福祉村内の障害福祉サービスを受けている。白川さん含め、あかねホームには8名が入居。「大晦日含め365日みんなで暮らしていますから、気持ちは家族ですよ」（職員・中川恵子さん）。

55

——今、この時代にいる奇跡——

この地球に生まれたこと。
四季が美しい日本に生まれたこと。
豊かな時代に生まれたこと。
これらは、
忘れてはならない幸せです。

朝、目覚めて窓を開けて、ひんやりしたさわやかな空気に包まれると、本当に幸せを感じます。

そして常々、次のような幸せを感じるのです。

まず、私たちが住む地球の、太陽からの距離が絶妙であることです。今より近ければ、水は蒸発して気体としてしか存在しませんし、少し遠ければ水は凍って固体になってしまいます。

ちょうど水が液体として存在できる位置に地球がありましたので、その水、つまり海の中で最初の生命が発生し、やがて私たち人間が誕生することになったのです。

次に、私たちが住んでいる日本の位置がとても素晴らしい位置にあること。春夏秋冬の四季が巡り、私たちを楽しませてくれます。

そして、私たちがこれまでの日本人の中でも豊かな生活を享受できる時代に生まれたことに、心から幸せを感じます。

これらは、私たちが忘れてはならない幸せだと思います。

（1994年11月）

自分のまわりの人に

少しでも役に立つようにしたいと

考えて生きていけば、

苦しみも悩みもすべて消えてゆきます。

これが現代の言葉でいえば

福祉の心なのです。

（1981年10月）

56

——小さな自我を捨てよ——

囚われのない眼で

小さな自我に囚われ、

少しでも多くの金がほしい、

少しでも他人より楽がしたい、

汚い仕事はなるべく他人に

押しつけようと考える限り、

この世は苦の連続です。

一度、小さな自我の束縛を離れ、

囚われのない眼《まなこ》で人生を見つめ、

お金や名誉にこだわらないで、

一日も
早く元気に
なり度いです

CHAPTER 5

命ある幸せ

そして

この真理から導き出される教訓のひとつが

「無我」で、我欲に囚われないということです。

因縁というのは、すべてのことには

原因と縁があるということです。

今日は昨日の結果ですし、

今日をわれわれがどのように生きるかによって

明日のわれわれが決まってくるということです。

（2000年12月）

57

――永遠はないからこそ――

今日を生きる

宗教というものは、

永遠不滅の真理を探究することから

始まっています。

たとえば仏教には、

「諸行無常」と「因縁」という言葉があります。

諸行無常というのは、

命あるもの形あるものはすべて、

いつかは必ず消え去るという考えです。

58

——高齢者問題の本質は孤独との対峙——

人間は必ず老いてゆき、
老化は孤独感と依存心を強めます。
最後まで人間らしく生きられるよう、
暖かい愛情で包み込みながら
支援してあげてください。

私たちは命とともに独特の顔かたちと個性的な才能を与えられました。そして広大な自然の恵みと、非常に多くの人々のおかげで、現在まで生かされ続けてまいりました。

ですが、年をとるとともに友人、連れ合い、仕事、財産、地位、そして未来をもだんだんと失ってゆき、残るはただ老い衰えた自分だけになっていきます。高齢者というものは自己中心的で、孤立しやすく、頑固で疑い深く、ひがみっぽく、ひねくれやすく、愚痴っぽく、厚かましく、そのうえいつも取り越し苦労をするものです。

しかし、人間は必ず老いるのです。

活動意欲が減退し、消極的になり、なにもせずにボーッとしていることが多くなるものですが、なにもせずに寝ていることが最も強く心身の老化を促進し、筋肉を萎縮させ、こわばらせて、丸太棒のような生ける屍にしてしまいます。なるべく早く寝床から立ち上がり、なるべく本を読み、隣の人と話を始めなければなりません。

心身の働きが弱ってくるので、まわりの人になんらかの形で支えてほしいという気持ちが、だんだんと強くなってくるものですが、全面的に支持してしまうと、情緒的には満足しても、いっそう依存欲を強め、老化を促進してしまいます。
その方の能力を見極め、ご本人が少し努力をすれば、できることは自分でやってもらい、どうしても助力が必要な点だけ助けてあげるようにしなくてはなりません。

ただし、その依存欲をまったく無視してつき放してしまうと、食欲不振、めまい、便秘のような身体的苦痛を訴えることによって、人からの助力や関心をより強く求めるようになります。
人間は誰かと話を交わし、お互いに支え合うことによって幸せに生きられるのです。血のつながらない赤の他人と愛し合い、心を交流できるお年寄りは幸せです。多くのお年寄りは、血のつながりにしがみつき、ひたすら子や孫に愛情を求めます。そこに、親と子の古くして永遠に新しい、心の葛藤が展開されるのです。

高齢者問題の本質は、孤独とどうつきあうかということにつきます。

50才を過ぎると、だんだんと死の不安におびえる機会が多くなるものです。同級生が死ぬと今度は自分の番ではないかと心配し、連れ合いに先立たれると、さらにいっそう死を身近に感じるものです。

人間は、ひとりじゃ生きられません。

自由に自分勝手に生きたいけれども、しかし、自分ひとりだけでは幸せになれない存在です。孤独は人間をパニック状態に追い込んでゆきます。誰かを愛し、誰かから愛されなくては、正常には生きてゆかれません。

私たちは愛情をもって、骨まで凍るようなお年寄りの孤独感を少しでもおなぐさめしてあげなくてはなりません。

（1976年5月）

奥様が病死されたとき、

Ｈさんは

安置された棺桶の上に座っていたそうです。

よくわかりました、

愛する奥様との別れがいかにつらかったか。

（1982年4月）

59

―― 別離の苦 ――

棺の上に

父の鉄工場の経営を引き継ぎ、
奥様との間に7人の子どもを授かったHさんは、
その奥様が亡くなられてから
少しずつ認知症の症状が目立ってきました。
その1年後には食事の意味すらも忘れ、
今いる場所もわからなくなっていたのです。
しかし、入院2カ月でHさんの記憶力は回復し、
堂々と社長時代の
経験談を語るほどになりました。

60

幸せは、安楽死という死で得るものではありません。生きているうちにつかむものです。

――安楽死への道をたどらせぬために――

病院で、安楽死をテーマにした数名による討論を行いました。その結論は、やはり安楽死は認めることはできない、ということでした。生命の尊厳からみても、どんな状態でも殺してはいけないということです。特に医療にたずさわる者は、そのように考えなければならないということでした。

この討論の中には非常に重要な問題がありました。それは、患者さんや患者さんの家族の方は、ある程度安楽死を認めてほしいと思っていることです。

これは、現在の高齢者福祉が不十分であり、現在の高齢者問題の焦点にもなることです。それと同時に、高齢者の生きがい対策を私どもの病院においても、地域的・社会的に推し進めなければなりません。

人の幸せは安楽死という死で得られるものではなく、生きるということの中でつかむべきであると思います。幸せは生きているうちに手にするものではないでしょうか。

（1975年6月）

そのためには、まず自分自身と、

その環境について正しく理解し、

さらに自らをできるだけ成長させ、

一歩でも完成に近づけるように

努力しなくてはなりません。

（1975年5月）

61

―― 脱・動物、日々精進 ――

人間として

私たちは、おなかが減ったからごはんを食べる、
物が買いたいからお金がほしいという
単純な欲求にだけ従う
動物的な生き方をするのではなく、
人間として価値ある生き方を
しなくてはなりません。

62

——年を重ねることの美しさ——

老いとは
価値を失うことではありません。
力いっぱい生き、
花も実もある人生の完結を。

「女性に年齢を尋ねるのは失礼だ」という常識ほど、女性を侮辱したものはないと、私は思います。

なぜならそれは、女性の価値が年齢とともに深まる教養や学識にあるのではなく、肉体的な若さ、美しさだけだという前提に基づいているからです。確かに女性の肉体的美しさは、年とともに衰えてゆくかもしれませんが、それで女性の価値が下がるものではないと私は思います。

女性だけではありません。人間すべて、若さだけに値打ちがあり、若さを失えば人生はおしまい、灰色だといった考え方は、断固として打ち破らなくてはならないと思います。私たちは、年をとりながらも、次第に価値を高めていくような生き方をし、長い人生を生き抜いた老年の意味を正しく認めたいものです。

若い時代には、体力と若いエネルギーを存分に発揮して、古い常識や慣例に縛られずに自由にはばたき、新しい文化や技術を創造しましょう。こうして年をとり、衝動の浅ましさや世俗の頼りなさ、栄誉の空しさなどを知ったお年寄りには、豊かな経験と円熟した知恵が備わります。

こうして、花も実もある人生を生き、美しく完結させたいものです。

（1982年4月）

畑中ハツ子さん（92才）。畑中さんの夫は45年前に他界。35年前、単身で大阪から豊橋に移り、軽費老人ホーム（A型）「若菜荘」に入居。

63

――いかなる境遇においても全力で生きる――

いかなる障がいを負っても、もともと備わった素晴らしい才能を伸ばす努力をしてください。その後押しを私たちがするのは、健常でいられる間の義務です。

ある海外の新聞に、読者から編集者に寄せられた相談が掲載されていました。次のような内容です。

「私の友達が、非常に重度の障がいをもった赤ちゃんを産みました。彼女にどのような手紙を送ったらよいでしょうか」

それに対する編集者の答えは、「五体満足であろうと、また重度の障がいをもったお子さんであろうと、子どもがお生まれになったことには変わりがないのだから、ただただ『おめでとう』と書けばよい」でした。

その後、はじめに相談をした読者に向けて詩を寄せられた方がいまして、その詩を要約すると、「あなたは非常に優しい心を持った方だから、非常に重いハンディキャップを負ったお子さんを支える使命を神様がお与えになった、非常に名誉ある存在です」というものでした。

健常なうちはなかなか気づけませんが、私たちもいつか重い障がいを抱える日がくるかもしれないわけです。たとえ病気やけがをまぬがれることはできても、年をとることをまぬがれることはできません。年をとればどうしても体の動きは悪くなりますし、認知症になったり寝たきりになったりすることもあるわけです。

ですがそれは、日頃の行いが悪かったからそうなったわけではありません。

また先日、うちの施設に入所している佐藤行央さんという方が出演したテレビ放送を見ながら、目頭が熱くなりました。佐藤さんは二十歳《はたち》のとき海水浴に遊びに行った際、飛び込み台から飛び込み、海底に頭をぶつけてしまい、首から下が動かなくなってしまわれるという事故に遭われた男性です。

佐藤さんは重いハンディキャップを背負うことになりましたが、毎日努力されて、口に筆をくわえながら素晴らしい絵が描けるようになりました。私は日頃から努力する彼の姿を見ているものですから、あの素晴らしい絵をテレビで見たとき、本当に心から感動したわけです。

非常にいろんなことを考えさせられる番組でした。

人間はいつ突然死ぬかわかりませんし、いつ何時、突然重い障がいを抱えることになるかもわかりません。

しかし、どうして——？

——どうして、そのように分かれてしまうのかといえば、やはり神様の選択ではないかと私は思うのです。

ですから重い障がいをもった方は、重い障がいをもってもなおかつ、ご自分の持っている能力を伸ばして、より価値ある人生にしていくことが重要です。それは神様に選ばれたから。あなたは特に選ばれたから、重い障がいをもってもなおかつ立派に生きられる方だから、神様に選ばれたのだと考えるべきだと思います。

とかく健常なうちは、自分も障がいをもつ可能性があることをすっかり忘れております。忘れていることがいいことなのか悪いことなのかは難しい問題ですが、時々は思い出す必要があるのではないかと思っております。

そしてまた、健常である間は、そういうハンディキャップを負った方々のために尽くす義務がある。私はそう考えております。

（1989年3月）

佐藤行央さん（62才）。最近では、日東電工ひまわり（豊橋市）より依頼を受け、「四季」をテーマにした72.7cm×91.0cmの大型キャンバス作品を４点（春、夏、秋、冬）制作。日東電工本社（大阪市）に展示されている。

64

——幸せに死ぬために精一杯生きる——

潔く死ぬ術よりも
幸せに生きる術を探してください。
その日々を積み重ねた先に
安らかな死が訪れます。

あるとき、高齢の方からこう言われました。

「生きがいより、死にがいを見つけてくださいよ」

この言葉を聞いて、私は考えさせられてしまいました。

古代には仕えていた主君が亡くなると、使用人は喜んで殉職をし、武士は領主のために死ぬことに誇りをもち、また明治以降敗戦までは天皇陛下のために、万歳を叫びながらいさんで死んでいった人たちがいました。時代によりさまざまですが、人は立派な死にがいというものを探せたわけです。

しかし、はたして死にがいは必要なのでしょうか？　死は生の終わりに過ぎず、人生の目的ではありません。むしろ、死ぬ直前まで生きがいをもって充実した人生を過ごすことが望ましいのではないでしょうか。

死にがいなど探さなくても、精一杯生きた結果として、思い残すことなく落ち着いて死を迎えることができれば、幸せに死ねたといえるのではないでしょうか。


（1975年11月）

65

―広き門は私欲の道の入口―

利己的な生き方は
やがて自分を苦しめ、
後悔と自己嫌悪の死に至ります。
謙虚に生きることを忘れないこと。

滅びに至る門は大きく、その路は広く、
之《これ》より入る者多し。
生命に至る門は狭く、その路は狭く、
之を見出す者少し。
（マタイによる福音書7章13節から14節）

たいていの人は、なるべく楽に、なるべく手を汚さずに、なるべく多くのお金を儲けて、のんびり暮らしたいと思っております。

ただし、これは欲の道でして、一度その門の中に入ると、魂の自由を奪われ、悪魔の奴隷にされてしまうのです。労少なくして、功多からんことを願い、自分の金儲けにだけ専念するような利己的な生き方をした人は、結局人を苦しませた後に、自分も苦しむことになり、やがて後悔と自己嫌悪に満ちたまま、虫のようにのたれ死にすることになるのです。

自分の子どもを、ひたすらエリートコースへ進ませ、将来安定した収入と身分の保障を獲得させせようと努力する親は、一生懸命、子どもを広き門へ追いやっているのではないでしょうか。
これに反して、永遠の生命に至る門は狭く、容易にこれを発見できません。もしこれを見出して、足を踏み込んでも、いばらの道の連続で、多くの人は辛抱できずに途中で引き返してしまうのです。

実は、この生命に至る門の道しるべも、はっきりと掲げられているのだそうです。ただし、自分は正しい道を歩んでいるとか、自分の生き方は絶対に正しいのだとおごりたかぶった人の目には、その道しるべが見えないんだそうです。
ただひたすらに神に祈り、神のしもべとして生きることを願う謙虚な人の目にだけ、この道しるべは見えるのだそうです。

私たちはいつか死に、この身は白骨となります。
ただし永遠に生きる道はあるのです。

この世でいかに多くのお金を儲け、立身栄達しようとも、ただのうたかたの夢にすぎません。かつて、この世には大金持ちも大臣もいくらでもいたけれど、結局はこの人たちも昆虫と同じように、はかなく消え去っていったのです。

たとえ貧しくとも、たとえ身分は低くとも、ひたすらこの世の真理を求め、神のお教えに従って生き抜こうと努力をする人は、この狭き門に入ることができ、やがて永遠の生命に生きることができるのです。

（1978年6月）

貴方方は自分のために、
虫が食い、錆《さび》がつき、
また盗人らが押し入って盗み出すような地上に、
宝をたくわえてはならない。
むしろ自分のため、
虫も食わず、錆もつかず、
また盗人らが押し入って盗み出すこともない天に
宝をたくわえなさい。

（マタイによる福音書6章19節から20節）

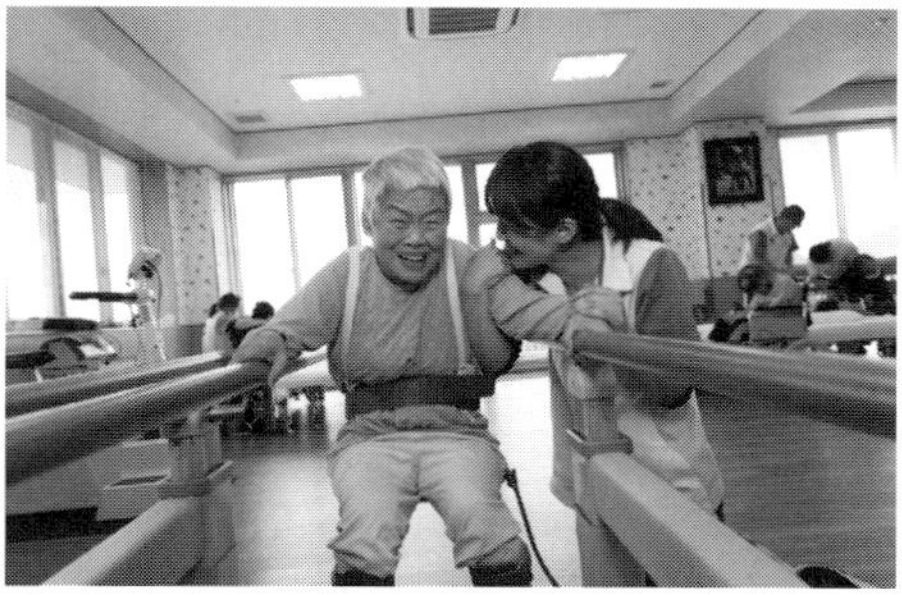

上写真：山田和加奈さん（35才）と職員の吉嶺享美さん。知的障がいを抱える山田さんは、2001年より障害福祉サービス事業所「しろがね」に通所。
中写真：中村九代さん（66才）と職員の中尾麻希さん。身体に障がいを抱える中村さんだが、歩くのは大好き。平日は毎日、障害者支援施設「珠藻荘」で積極的に歩行訓練を受けている。
下写真：河邉勝太さん（73才）と理学療法士の宮下賢也さん。知的障がいをもつ河邉さんは、福祉村内にある軽費老人ホーム（A型）「若菜荘」に入居。日中は生活介護を受けるため「しろがね」に通う。

障害福祉サービス事業所「明日香」のクッキー工房で働くみなさん。左前段・熊谷優さん（44才）、後段左より山口充代さん（45才）、伊藤由佳奈さん（19才）、河合真弓さん（32才）、竹下幸子さん（67才）。クッキーは福祉村内や豊橋駅で購入できる。

66

――思考停止の人間にならないために――

考え続けることをやめてはいけません。
人間らしく、
自分らしくあり続けるために、
あなたがやりたいことを考え、
命あるうちになし遂げましょう。

お年寄りの中には、一日中何もしない、何も考えない、隣の人とも話をしない、そしてただ、食べることだけを楽しみに、食べるためにだけ生きている人を見かけます。まったく人間性を失った動物的存在としてだけ生きてらっしゃるようです。

たった一回きりの人生、たった一度だけの今日なのに、この人たちにとっては時が、そして人生がまったく無意味に過ぎてゆきます。年をとることが、人間性を喪失し動物的存在になりさがることであってはなりません。死ぬまで、人間として生き続けていただきたいと思います。

ルソーは、「人は一生に二度生まれる。一度は存在するために生まれる。そして思春期こそは、生きるために生まれる第二の誕生期である」といっています。私はそれに加えて、再び存在するだけになったお年寄りに、第三の誕生期を迎えていただきたい。自己を取り戻し、失われた人間性を回復してほしいと思います。

そのためには、何よりも「自分の頭を使って考えること」が大切です。そして自己の人生が、このまま終わっても悔いがないかどうか、よく考えてください。死ぬまでに、ぜひ、なし遂げたいこととは何かをよく考えて、それを、今日、ただいまから始めてください。

（1973年6月）

67

——大樹に学ぶ長寿の秘訣——

巨木の佇まいを見習い、
いかなるときも身じろぎせず、
悠然と生きてみてください。

私は緑が大好きです。現在私は緑に囲まれた家に住み、緑に恵まれた環境で働かせていただいておりますので、最高に幸せだと感じております。これもひとえにみなさま方のおかげだと感謝しております。

このように、私は緑が好きですが、とりわけ大きな木が大好きです。青い空に突き刺さるようにそびえ立つ大きな木に出会ってそれを見上げるとき、心の底から湧き上がる命の泉を感じずにはいられません。

１０００年以上も生きてきた巨木には、言うに言われぬ特別な存在感があるように思われます。何世紀も生き続けた巨木の前にいますと、できることならずっとそこにいたいと思ってしまうほどです。

何百年も何千年も生き続けて、天に向かって身じろぎもせずに立ち、天と地を結んでいる大きな木に、思わず頭を下げて手を合わせて、あるいはお供えものを捧げたくなるのは私だけではないと思います。

これは木だけではありませんね。人間でも、１００才を超えて生きていらっしゃる方には、なんとなく風格があるものです。地球上のすべての生物についても同じかもしれません。あれもこれもと追い求めることをせず、悠然と構えて暮らすのが長生きの秘訣なのだと思います。

（２００１年６月）

68

——宙《そら》から感じる奇跡——

星の一生と比べれば、
私たちの生命はとても小さく、
一瞬で消失するほどはかないもの。
だからこそ、この命を
大切に生きなくてはなりません。

夜空の星々を見ていると非常に神秘的に輝いており、大変にロマンチックな気持ちになります。皆さんも夜空を見上げると、同じように思われるのではないでしょうか。

星と星との間の空間は非常に真空に近いですが、実は水素の原子や分子などがわずかに存在しておりまして、ガスや塵が少しずつ集まり固まっていきます。そしてある程度の塊になりますと、重力で縮み始めてだんだんしっかりとした塊になっていきます。これがある程度の塊になりますと、その中心部が熱をもつようになり、赤外線を放出するようになります。

これが原始星の誕生です。太陽も同様にしてできてきたわけです。

このように誕生した星は、やがて中心部の温度が上がり、核融合を起こして一人前の星になり輝き始めるわけです。

この星の寿命は、その星の質量で決まります。質量が大きいほど寿命が短く、小さいほど寿命が長いのです。たとえば太陽の10倍くらいの質量の星ですと、だいたい１０００万年しかありませんが、太陽くらいの質量ですと１００億年だといわれています。

太陽の８倍以上の質量の星ですと、最後には赤く輝く非常に大きな星に膨れ上がりまして、やがて超新星爆発を起こします。爆発した後には、ブラックホールや中性子星になるのですね。この中性子星はパルサーと呼ばれることもあります。このパルサーとは、中性子星から脈打つように規則正しく発せられる光や電波などのビームのことです。

パルサーは１９６７年に初めて発見されましたが、当初はその星に地球外知的生命体がいて、地球人に向けて信号を送っていると考えられたことがありました。しかしパルサーの正体は中性子星で、高速で自転していること、そして磁場を持っているため非常に強い光や電波を発していることがわかります。高速回転している星が光や電波などを発しているため、地球から見ると、拍動性の電磁波などが送られてきているように見えたわけです。

このようにして星の一生が終わります。そして私たちの地球は太陽系の中にあり、誕生してから約46億年ほどだそうです。そしてあと50億年ほどすれば太陽が膨らんできますから、太陽に近い水星や金星から太陽に吸い込まれていき、地球も吸い込まれてなくなるといわれています。

人の一生は、昔50年といわれていたのが80年になってずいぶんと長くなった気がしますけれども、星の寿命のスケールからすればまったくの桁違いでして、なにやら人間というものが非常に矮小といいますか、惨めな小さな存在に思えます。

しかし私たちが非常に恵まれているのは、地球の一生のちょうど真ん中頃の一番よい状態の時期に生まれたということです。さらにいえば、日本も最初はユーラシア大陸にくっついていましたが、後にユーラシア大陸から離れて、１５００万年前くらいに、現在の位置に落ち着いたわけです。

つまり、太陽系の中の地球の、さらにとてもよい時期に、世界の中でも大変平和で裕福な日本に私たちは命を与えられました。

星に比べれば80年という寿命は長くありませんから、与えられた命を大切に、一日一日を無駄にすることなく、有効に生きたいと思うのです。

（１９９３年３月）

参考文献：宇宙航空研究開発機構（ＪＡＸＡ）提供資料、『日本の地質と地形』（高木秀雄・著／新文堂新光社）

69

——悲しいお別れ——

元気に生きている間に、
支えてくださる人に、
きちんと優しくしてあげましょう。
あなたのふるまいへの仕返しは
死に際にやってきます。

死ぬときには、家族全員に囲まれて、また、生きているときに愛した人々に囲まれて、愛する人の腕の中で死にたいと思わない人はいないでしょう。たとえ生きているときには、浮世のしがらみや世間の義理人情で暮らさなくてはならなかったふたりでも、せめて死ぬときだけは、真実に愛する人の腕の中で死ぬことを許してあげたいものです。

私は、患者さんが危篤状態になられると、大至急家族の方に連絡して、臨終の枕元には家族全員が顔をそろえて、水入らずの最期のお別れをしていただくようにしております。

しかし、かけつけた家族の中には、「なんだ、まだ生きているじゃないか」と怒って帰ってしまう方や、「死んでから知らせてくれれば結構だ」と言われる方もあり、思わず怒りがこみ上げることがございます。しかし、その患者さんとご家族の間には、私たちにはわからない過去の深い歴史があるのでしょう。ですから、せめて病院の者だけでも、親切に最期を看取ってあげようと思うのです。

幸せに死ぬためには、元気で生きているときに、まわりの人に優しく親切にしてあげなくてはいけないとつくづく思います。

（1975年11月）

70

——家庭は愛し合う場であり許し合う場——

最大の不幸は、貧困や疾病よりも
誰からも必要とされないことです。
死の間際まで、家族全員が、
それぞれの存在を慈しみ合いましょう。

マザー・テレサは、私がこの世で最も尊敬していた人物のひとりです。

彼女は、1910年に旧ユーゴスラビアのスコピエで生まれました。12才のときに、自分の一生を神様に捧げて生きていくことを望み、そして18才のとき、彼女自身が望んでインドにシスターとして赴任しました。

最初は修道会の経営する女学校の先生になり、のちに校長になりましたが、36才のときに、最も貧しい人々に仕えて生きていこうと決心をされ、カルカッタのスラム街に入っていきます。


カルカッタには、道で生まれ、道で生き、道で死んでいくといった路上生活者たちが40万人くらいいました。さらにハンセン病の患者さんが30万人以上いる町ともいわれていました。彼女はまず、学校も診療所も薬局もない地区で、ボロボロの服を着た子どもたちに衛生教育を行い、文字の読み方を教えました。また、やせ衰えて骨だけのようになっている子どもに食べ物を与えたり、望まれずに生まれた赤ん坊を引き取ったりしました。

そして1952年、42才のとき彼女が連れのシスターと町を歩いていると、路上に倒れ、すでに顔の半分はネズミやアリに食い散らされている人を見かけました。彼女はその人のために祈りを捧げて立ち去ろうとしますがその人の腕がわずかに動きます。まだ生きていたのです。

そこで彼女はその人を病院に連れて行き、診察してくれるように頼みましたが、病院側はベッドに空きがないため入院を拒否。「この人はもう治療してもしかたない。元の場所に置いたほうがよい」と言って診察もしません。しかし彼女が強く懇願したため、病院側は床にマットを敷き、その人を横たえました。ですが、まもなくその人は亡くなります。


マザー・テレサは、人間にとっての最大の不幸というのは、貧困や疾病ではなく、自分は誰からも必要とされないと感じることだと、つねづね言っています。ですから、何人《なんぴと》も路上で誰からも顧みられることなく、見捨てられたままで死なせるわけにはいかないと思いました。

そこでこのような人たちが、せめて臨終の瞬間だけでも、「あなたもこの世の中に望まれて生まれてきた大切な人なのだ」ということを感じられるようにしなければならないと考えました。そして自ら市役所に陳情し、ヒンズー教寺院の使われていない休憩場の使用許可を得ました。これが「死を待つ人々の家」となったそうです。

ここでは、路上から運び込まれた瀕死の重病人のほとんどが、運び込まれてから数時間、あるいは数日内に、シスターたちの懸命な優しい看護のもと亡くなられます。

マザー・テレサは次のように語っています。

「親切で慈しみ深くありなさい。あなたに出会った人は誰でも、前よりも、もっと気持ちよく明るくなって帰れるようにしなさい。子どもたちにも貧しい人々にも苦しんでいる人々にも孤独な人々にも、いつも喜びにあふれた笑顔を向けなさい。いつも口元にほほえみがあるようにしなさい。貧しい人々、苦しい人々のお世話をするだけではなくて、その人々にあなたの暖かい心を与えなさい」

また、イエスは言っています。

「愛は家庭から始まるのです。私があなたを愛したようにあなたたちもお互いに愛し合いなさい」と。

私たちの家庭も、一生涯において慈しみの場、限りなく許し合う場にしなければいけないのではないでしょうか。

（1997年9月）

参考文献：『マザー・テレサ　愛の軌跡』（ナヴィン・チャウラ著／日本教文社）

71

新しいことを拒絶したくなるのは、
脳の老化現象の表れです。
常に時代の変化を感じ取り、
新しいことに挑戦を。

——もとの水に溜まらず流れ続ける意識を——

多くの職場において、新しい改善案が提案されることはきわめて少ないものです。もし提案されたとしても、それを謙虚に受け止めて、みなで前向きに検討しようとすることも少ないのです。

むしろ、よってたかって批判して、今まで通りのやり方に固執する傾向が多いように見られることは本当に残念です。

自分の意見や考えが常に正しいと考えるのは、単に視野が狭いだけではありません。それは、自分の説や主張の欠陥に気付かない知性の低さによるものです。

また、新しい意見や考えに拒絶反応を示すのは、脳の老化現象の表れです。新しい意見や考えを取り入れるためには、自分なりに考える必要がありますから、脳が若くなければなりません。

いつもと同じように行動する、いわゆるマンネリズムは堕落と滅亡の始まりです。

今日も昨日と同じ、そして明日も明後日も同じことの繰り返しの中で暮らしていければ、それは確かにストレスのない楽な生活に違いありません。しかし、そのような生き方は進歩や発展がないだけでなく、ついには人生に敗れる者の歩む道です。

それでは発想の転換は、どうしたらできるのでしょうか?

一言で答えれば、広く学び深く考えることから始まります。

たとえばいろいろな本を読んでいますと、まったく思いがけない本から、はっとするような、私たちの仕事上で役立つ新しいヒントを得られることがあります。

あるいは国籍、性別、年齢、職業、そして経歴などがまったく異なる友人たちと広くつきあうことによって、新しい視野が開けることを、私はしばしば経験しています。

ですから、たとえば休日に食事に出かけるときでも、いつも同じ店で食べるのではなく、なるべく今まで入ったことがなかった店を探して入ってみるということを心がけてみてはいかがでしょうか。

このように、何かしようとするときにいつもと同じではなく、今回はいつもとまったく違うことをしてみよう、というような、絶えず新しいことに挑戦する気持ちをもち続けてほしいものです。

「ゆく河の流れは絶えずして、しかももとの水にあらず」

これは『方丈記』の一節です。

世の中は常に変わっていきます。その変化の中で生きていく私たちは、常に周りをよく見て、何をすべきかを考え、創意工夫を凝らして、全く新しいやり方や生き方を発見する努力を、重ねていかなければなりません。

（1989年11月）

72

―与えられた生命を全うする―

自ら死を選んではいけません。
与えられた素質を最高に伸ばし、
与えられた時代の中で、
与えられた社会のために、
命ある限り生き抜く義務があります。

人間はひとりで生まれ、そしてひとりで死にます。

結局人間は孤独なのです。孤独だからこそ孤独に耐えて、ひとりでもなお生き抜く独立独歩の生活力をもつと同時に愛し合い、いたわり合い、友情をもたなくてはなりません。

また、人間はある一定の時代の、ある社会に、ある素質を与えられて生まれるのです。それは、何かしらの役割を全うするために命を授けられたということです。

ですから、与えられた生命のある限り生き抜き、与えられた素質を最高に伸ばして、与えられた時代の中で、与えられた社会のために努力することが、このありがたい生命を与えてくださった方への神聖な義務となります。

その義務も果たさず、なお生きられるはずの生命を自ら断つことは、絶対に許されないことなのです。

（1976年6月）

73

—万物流転—

今日の私は昨日の私ではありません。
明日の私は今日の私ではありません。
一度流れ去ったら
二度と取り戻せない今日。
丁寧に生きましょう。

時は刻々と、とどまることを知らずに流れています。

ベルクソンという哲学者はこう言っています。

「私たちは同じ川の流れで二度と足を洗うことはできない」

私自身も、今日の私は昨日の私ではありませんし、明日の私でもありません。「万物流転」という言葉があるように、すべてのものは時とともに移り変わっていくのですね。

たとえば8月15日という日は、何回も何回も来るでしょうけれども、今年の8月15日は一度きりです。ですから、一度流れ去ったら二度と取り戻すことはできない、大切な一日なのです。

私たちはそのような、たった一度きりしか来ない大切な日を生きているわけですから、今日の尊さというものを忘れずに愛しむように、現在の自分のもてる力をすべて投げ込んで、悔いのない一日を生きてほしいと思います。

（1994年8月）

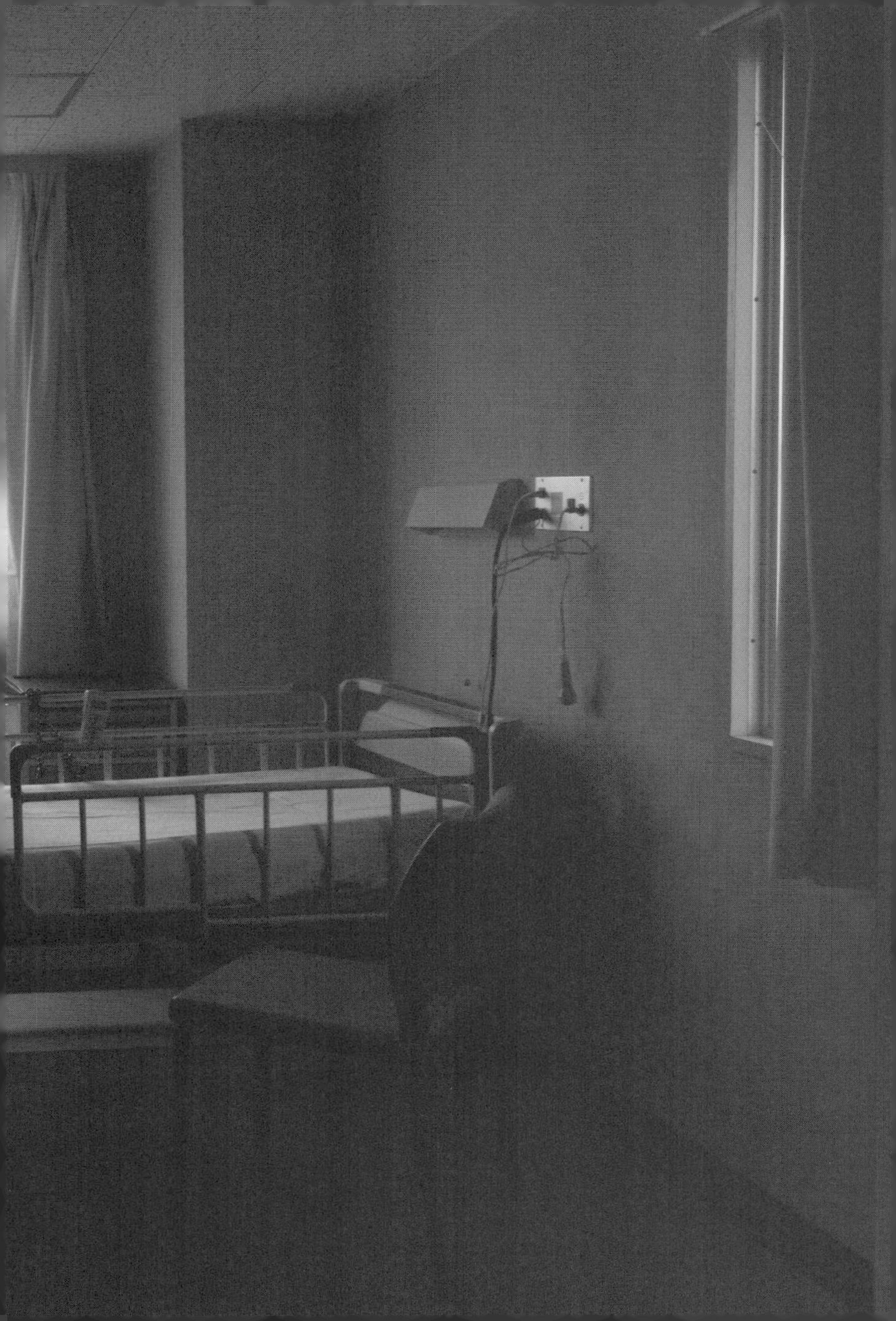

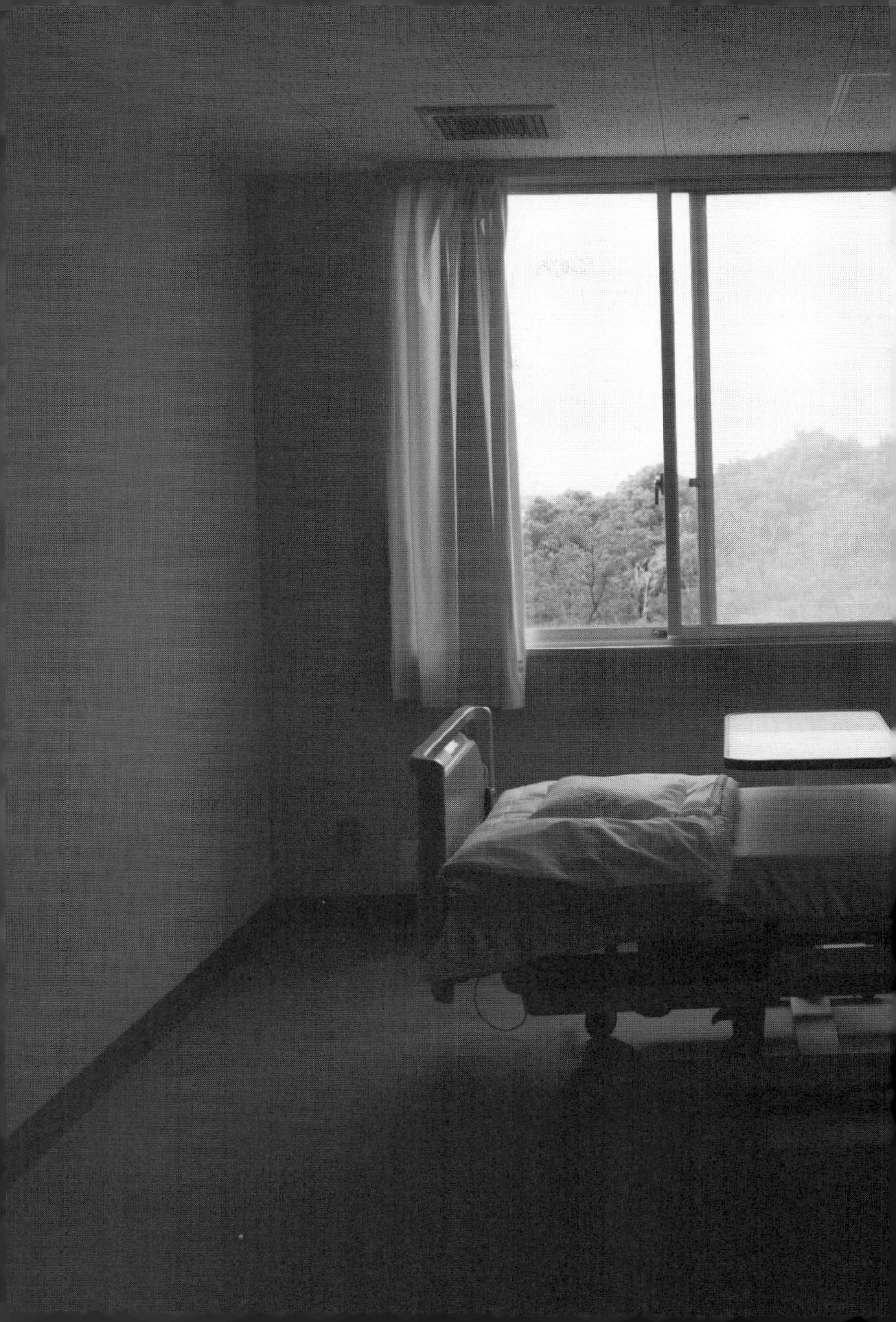

次の挑戦へ

――むすびにかえて――

山本左近

はじめにちょっと、思い出話から始めさせてください。

僕は19才のとき、ドイツのレースで大クラッシュをし、サーキットから病院までヘリで運ばれたことがあります。

診断の結果は両膝打撲、1泊の入院のけがで済みました。ですが、日本にいた家族には、はじめ「ヘリで運ばれた」とだけ伝わっていたそうです。容体がわからず家族が混乱する中、父だけは静かにこうつぶやいたといいます。

「好きなことをやって死ねるなら本望だろう」

聞く人によっては突き放した言い方に聞こえるかもしれません。ですが、それは父が僕に贈った称賛の言葉でした。F1ドライバーという夢に挑戦した僕の生き方を、「懸命に、よくやったな」と称えたのです。死の瞬間まで、真剣に生き抜くことを信念としている父らしい言葉だと思います。

父である山本孝之が山本病院を開業したのは、35才のときのことです。それから55年間、ずっと医療と福祉の現場に立ち、「どうすれば人の幸せを守ることができるか」を考え続け、時代の先頭を走り続けてきました。
父には並外れた先見の明がありました。「認知症は治らない」という見解が圧倒的主流だった40年以上も前から、「予防できる認知症もある」「正しいお世話をすれば改善する」という断固たる考えのもと認知症治療に取り組み、認知症介護の三原則をつくりました。また、先進的だった父は男女共同参画社会の実現を心から望んでいました。その一例として、女性でも働き続けやすい環境のために事業所内保育を30年以上前に実施しました。何十年も前にこのようなことを公言し実行していた男性は、どれだけいたでしょうか。

これらは今では当たり前のことですが、はるか昔からひとりで走ってきた父は、ひょっとしたら孤独だったかもしれない。しかし、父には信念があった。その鬼気迫るほどの迫力と、さわらびグループのスケールがみるみる拡大していくのを、幼い僕は見てきました。そして、当時の僕は言語化はできなかったけど、こう感じていました。父はこれからもどんどん進んでゆくのだろう――と同時に、僕はこのような想像もしました。父と同じように医師になったとしても……。

それは、人生のレールが見えてしまったことへの反発だったのかもしれませんし、偉大な父を超えるための挑戦だったのかもしれません。

僕には、生まれもって組み込まれていたものがありました。それは「挑戦する遺伝子」です。小学6年生になる前、F1ドライバーになる道を選んだ僕は、父とはまったく違う世界に向かって走り始めていました。F1ドライバーとしてレースに出られるのは世界で20人ほどしかいません。環境的には、医師を目指すほうがはるかに楽だったかもしれません。しかし、反対されてもあきらめない性格も父親譲りなのでしょう。父親の大反対を押し切り、最終的に僕はF1のコックピットに座ることができました。

父の業績には、なお強い畏怖と尊敬の念をもっています。その父が90才になる今、僕は「次の挑戦」の必要性を強く感じています。

1970年代から父が感じていた予感は現実となり、日本国内の高齢者の数は、この10年で毎年100万人という猛烈なスピードで増え続けています。2025年には、第1次ベビーブームと呼ばれた1947~1949年に生まれた団塊の世代のすべてが、75才以上の後期高齢者となります。これは5人に1人の割合です。その一方で出生率の低下は歯止めがかかっていません。15~64才までを現役世代として、1970年当時は1人の高齢人口（65才以上）を9・8人で支える計算でしたが、2025年には1・9人になります。

父は、脳卒中および認知症という病に悩む患者さんとご家族に手を差し伸べるため、はじめに専門病院をつくりました。そして、高齢者だけでなく障がい者も子どもも、外国から来た人もみんなそれぞれ役割をもち、お互いに助け合いながら幸せに暮らせる場所として福祉村をつくりました。

今の日本全体を俯瞰して見ると、ようやく地域包括ケアシステム実現に向けて取り組んでいる最中です。老老介護、認認介護の問題からもわかるように、介護するご家族のご苦労は計り知れず、到底、家族ひとりにまかせきれるようなことではありません。また、健常者だけでなく、障がいをもっている方も高齢になり、重度化している現状がありますので、超高齢社会への対応は非常に大きな課題です。日本社会において僕たちが考えなくてはならないこと、やらなくてはいけないことは山積みです。

さわらびグループは、今年で55周年を迎えました。未曾有の超高齢社会に向けて、僕たちも新たな挑戦を始めています。２０１６年11月には、さわらびグループが中心となり、「みんなの力でみんなの街をつくる会議」を立ち上げました。また、団塊の世代が85才以上かつ団塊ジュニアが高齢者世代に近づく２０３５年の福祉の未来へ向け、全国の大規模社会福祉法人のみなさんと「福祉村サミット　２０１６　豊橋宣言」を提唱しています。現実に起きている問題を見つめながら、地域のみなさんとともに全ての人が住みやすい街づくりを考え、実行する流れを加速させていきます。次の未来に向けてもっと新しい風を吹き込み、次々と挑戦していかなくてはなりません。

でも、さわらびグループだけではだめなんです。これからは、より多くの人たちでどうすればよいか考え、より多くのみんなで力を合わせないといけない。日本社会全体、世界全体の幸せを守ることを考えなくてはいけないのです。

僕たちは今、そんな時代を生きていますが、いつも心の中心にあるのは、「みんなの力でみんなの幸せを」という僕たちの理念です。

本書の刊行にあたり、企画から一緒につくり上げてくださったパブラボの菊池学社長、編集の小笹加奈子さん、本当にありがとうございます。デザイナーの小林祐司さん、素敵な本に仕上げてくださり本当にありがとうございます。

日本を代表する写真家である荒木経惟さんに父を撮影していただいたことは、僕にとっても忘れられない思い出です。心より御礼申し上げます。それから、福祉村までお越しいただき、本書のために写真を撮り下ろしてくださった写真家の野村佐紀子さん、本当にありがとうございます。心温まる素敵な写真に僕自身とても癒され、何度も、何度も見返しました。素敵すぎる写真ばかりで差し込む写真の選定には大変苦慮いたしました。

また、55周年を迎えるにあたって、さまざまな企画を牽引してくださったプロデューサーの嶋瀬徹さんに、心からの感謝を捧げます。

そして、撮影に快く応じてくださった施設のご利用者のみなさま、本当にありがとうございました。ほか、制作にご協力してくださったすべてのスタッフのみなさま、すべての職員のみなさんに深く感謝申し上げます。

そして、誰よりも父や僕を理解し、時に優しく、時に厳しく、いつでもどんなときでも大きな愛情で包み込んでくれる母・山本ゆかりには感謝という言葉では言い切れないほどの感謝を申し上げます。

最後に。たとえ今、どんなに元気であろうと、不慮の事故などで障がいを負うかもしれないですし、やがて認知症などの病気を患うかもしれません。ですが、どのような状況に置かれたとしても、選ばれて生まれた僕たち誰もが、最後まで「幸せに生きる権利」をもっています。だからこそ安易に死を選んだり、惰性で生きるようなことはしないでほしい。「今、生きている」という奇跡に感謝し、幸せに生きるための挑戦をし続けてほしいと思います。

思い残すことがないほど精一杯生ききったなら、いつか訪れるその人の死は幸せであるはずです。『幸せに死ぬ義務がある』という書名は、そのような思いからつけました。

僕自身、父の生き方や人との関わり方から学びたいことが多くあります。あなたの幸せな未来のために、少しでも本書がお役に立てばうれしいです。

さわらびグループ・統括本部長
元・F1ドライバー

山本孝之 Takayuki Yamamoto

さわらびグループ理事長。1927年、愛知県豊橋市生まれ。名古屋大学医学専門部卒業。1962年、豊橋市東雲町に福祉村病院の前身となる山本病院を開院。1960年代後半より、全国に先駆けて認知症患者に対するリハビリと治療を開始。1976年、特別養護老人ホーム設立を目指した社会福祉法人認可。1978年、豊橋市野依町に福祉村を建設する構想を発表し許可を得る。1982年、福祉村病院開院。現在は2法人合わせて全20の医療機関・福祉施設を運営している。平成29年春の叙勲において瑞宝小綬章を受章。

幸せに死ぬ義務がある

発行日　2017年8月15日　第1刷発行
定価　本体1500円＋税

著　　者　山本孝之
写　　真　荒木経惟
　　　　　野村佐紀子
ヘアメイク　そうますずよ　猿田優
デザイン　小林祐司
編集協力　地蔵重樹
編　　集　小笹加奈子

協　　力　さわらびグループ施設のご利用者、職員のみなさま
　　　　　鈴木亜希　吹上恵美子
　　　　　Sawarabi Creative Team

企　　画　山本左近

発 行 人　菊池　学
発　　行　株式会社パブラボ
　　　　　〒101-0041　東京都千代田区神田須田町1-2-7-3階
　　　　　TEL 03-5298-2280　FAX 03-5298-2285

発　　売　株式会社星雲社
　　　　　〒112-0005　東京都文京区水道1-3-30
　　　　　TEL 03-3868-3275

印刷・製本　株式会社シナノパブリッシングプレス

ISBN 978-4-434-23654-9